Konstantin Ushinsky

語言教學、課堂講述、國民教育、習慣培養、時間問題，俄羅斯國民學校奠基人的教育學

康斯坦丁·烏申斯基

談教育使社會走向文明

康斯坦丁·烏申斯基 著

王瀠萱 譯

誠然，即使是最不文明的人，也會被生活教會懂得許多東西，**但若是受過教育的人們，卻能從生活經驗中吸取有益的思想。**

目錄

CONTENTS

前言

　　康斯坦丁・德米特里耶維奇・烏申斯基（Konstantin Dmitrievich Ushinsky，西元 1823 年 2 月 19 日至 1871 年 1 月 3 日），俄國著名的民主主義教育家，是俄羅斯國民學校和教育科學的奠基人。烏申斯基一生追求真理，熱愛人民，從事過較長時期的教育活動，教育著作眾多，對以後的俄國乃至蘇聯教育產生了很大影響，被稱為「俄國教師的教師」。

　　西元 1824 年，烏申斯基出生於俄國莫斯科以南的圖拉城，他的父親是一個稅務官員。在接受了完整的中等教育後，烏申斯基在西元 1840 年進入莫斯科大學法律系學習。在大學裡，烏申斯基閱讀了了大量俄國和西歐進步的文藝作品，西元 1844 年，他以優異的成績獲得碩士學位。西元 1846 年，烏申斯基被任命為一所法律專科學校的代理教授。西元 1848 年以後，俄國統治者加緊監視和迫害教師，西元 1849 年，烏申斯基被認定是一個政治上不可靠的「自由思想家」，教授職務遭到了解除。由於生活所迫，烏申斯基在內務部當了五年小職員，在雜誌上發表了不少關於教育問題的文章。西元 1855 年，烏申斯基重新開始了他的教育活動。他先後在一所孤兒院擔

PREFACE

任教師、學監，在這期間，他更加關注對教育問題的研究，並發表了《論公共教育的民族性》、《學校三要素》等教育論文。

西元 1859 年，烏申斯基調任斯莫爾尼貴族女子學院的總學監，開始了一系列教育改革，並獲得了良好的效果。為了確保改革順利進行，烏申斯基聘請多位進步人士來校任教，每週四還集合教師和學生討論教學問題、交流教育思想。他利用擔任《國民教育部公報》編輯之便，發表了一批具有新思想的文章，如〈祖國語言〉、〈師範學校章程〉、〈勞動在心理和教育上的作用〉以及低年級的俄語讀本《兒童世界》。

烏申斯基的改革從一開始就遭到守舊派的反對甚至誣陷，他被指控為信仰無神論和有反政府的自由思想人，西元 1862 年遭遇辭退，沙皇政府迫於烏申斯基的聲望，派遣其長期出國對女子教育進行考察。

西元 1862 ～ 1867 年間，烏申斯基考察和研究了瑞士、德國、法國、比利時、義大利等國的教育，完成了《祖國語言》及著名的《人是教育的對象》等諸多價值極高的教育論著。西元 1870 年，烏申斯基因患肺病去世，年僅 47 歲。

烏申斯基是 1860 年代俄國的社會改革運動中湧現出的進步民主主義者，他對沙皇政府的統治和腐朽的農奴制極力反對、擁護解放農奴、為國家的自由發展而奮鬥。他雖然沒有達到革命民主主義者別林斯基（Belinsky）、車爾尼雪夫斯基（Chernyshevsky）的思想高度，但是在某些方面也受到了他們的影響，主張民族性原則、主張男女教育平權、要求教育普及。烏申斯基以其短暫的一生，為俄國的教育事業做出了極其傑出的貢獻。

　　烏申斯基在教育方面最主要的代表作有《人是教育的對象》、《論公共教育的民族性》等等，其中前者在教育史上是具有獨特風格的名篇，曾經是俄國教師的教育學讀物。本書便是從烏申斯基的教育著作中編選出共十四篇具有一定代表性的文章，可以令讀者全面、透徹的了解這位教育家的思想。

PREFACE

第一章
論教育書刊的效益

第一章　論教育書刊的效益

與我們的實際教育相比，俄國的教育書刊顯得極為貧乏，這不能不引發對這件事情比較關心的人們的注意。一方面，我們擁有近兩萬名教師、五千多所學校和幾所大學 —— 其中最古老的學校已經慶祝完自己的 100 週年紀念日，還有一所頗具規模的師範學院；而在另一方面，我們卻只有鮮為人知的那麼兩、三種教育學教科書的試用本，品質還很糟糕，我們甚至都沒有連一本哪怕稍微有點名氣的教育著作 —— 不僅是我們自己寫的沒有，就算是翻譯自外文的也沒有；現在有的，不過是約二十篇左右關於教育的文章，其中大部分都是「exofficio」（因為職務的需求 —— 編者注）而發表的演講；教育方面雜誌的數量更是零。不能不承認，教育實踐與教育理論之間是存在極其嚴重不相稱的情況的，所以如果說俄國政府在國民教育方面投入的精力要多於別的國家的話，那只能說明我們的書刊並沒有將這些慷慨的努力充分的反映出來。

這也可以證明，我們這篇小文章起了這個不太時興的標題是合適的。在上世紀末和本世紀初是時興在公開場合對某個學術研究課題的效益發表文章或演講的，不過在我們看來，在教育學方面和教育書刊的效益相關的文章還不至於過時。

的確，應該就俄國教育書刊如此貧乏的現象進行解釋，尤其是在俄國的大部分教育設施的基本原理都是從德國學來

的，而德國的教育書刊卻如此發達的情況下。除非是心裡偷偷的承認這些教育書刊是沒什麼用的。在俄國，和教育內容有關的外文書不少，但是這無法彌補用俄文寫的和譯成俄文的教育書籍的不足 —— 確認這一點非常的容易。

用外文版的書籍以取代俄文版的書籍是根本不可能的，原因有三：第一，並不是人人都能看懂外文書，而且教育書刊一定是要具有獨立性和民族性的。第二，在我們的學校圖書館裡，即使是在那些最有希望找到優秀的教育書籍的圖書館裡，想找到具有實際價值的教育書籍的可能性也微乎其微 —— 差不多只能偶然間會發現一本。能在那裡找到的，基本都是些法國教育工作者們那些相當幼稚的著作，但是法國恰恰是教育藝術還極不景氣。想要閱讀外國教育文獻方面的主要著作的人，就應該自己去向國外訂購，至於一些次要的著作、專題學術著作、雜誌和小冊子更不必提了。透過在我們的一些雜誌上時而出現（尤其是在最近總出現）的一些文章的性質，我們更加確信了西方教育文獻對我們的影響是微乎其微的。一些基本原理在任何一本德國教科書中都是必不可少的，卻經常被視為新的發現來敘述，一些早已從各個角度展開了研究的問題，又重新片面的進行論述，彷彿以前從來沒有遇到過這樣的問題。另外，即使我們並沒有打算將我們的局部觀察視為普遍現象，但是我們還是能夠下個結論，

第一章　論教育書刊的效益

如果說我們在我們的教育工作者那裡看見他們系統化的收集的一些最主要的教育著作的情況有一、兩次，那麼遇到那些帶著蔑視的眼光去評論教育理論，甚至對其的態度是一種古怪的敵對情緒的教育工作者的情況，卻要多得多，雖然他們其實完全不了解最主要的教育理論研究者的名字，或者只是憑藉一點點傳聞才知道的他們。這就是我們為什麼想講幾句話來維護教育書刊。

理論與實踐之間的爭論歷史悠久；在當前，由於意識到根據不足，這一爭論終於得到了平息。發生在實踐家與理論家之間的，經驗的捍衛者與理念的捍衛者之間，整體走向是趨向和解，現在已經具備了實行和解的最主要的條件。空洞的、沒有任何根據的理論，就像那些根本無法得出任何觀點、沒有任何思想基礎、也無法引申出任何思想的事實和經驗一樣，是沒有任何用處的東西。理論不能脫離實際，事實也不能脫離思想。但是十分遺憾的是，這一在科學領域中還沒有徹底平息的爭論，還常常能夠在現實生活中，尤其是在教育事業的發展過程中聽到。教育理論家在動筆撰寫自己的著作時，常常首先要讓自己的思想從各式各樣毫無意義的生活現象中掙脫出來，而努力將其提升到抽象的教育原理的高度，始而確定人的生活目的，考慮實現這一目的的方法，接下來開始構思進行教育的途徑，然而卻忘記了，將人的生活

目的這一根本問題解決，是他整個教育理論的基礎，而這個問題是在無比豐富多樣的現實生活裡得到解決的。但是教育實踐家卻對自己的同行沉湎於空洞的哲理大加嘲諷，認為其嚴謹的理論沒有任何實用價值；他一手拿起戒尺，一手拿起自己所教學科的教科書 —— 他的工作順利進行，學生們用功的學習，從一個年級升上更高的一個年級，然後走向生活，好像從來都沒有學過什麼東西。他們將童年和少年時期必不可少的喜劇演完，就開始扮演與原來的角色沒有任何關聯的新角色；而回憶原來的角色，對生活除了妨礙沒有任何其他作用，所以這樣的回憶消失得越迅速越好。

但是這是兩個極端，一切教育家 —— 無論是理論家還是實踐家 —— 所採取的立場，都應是在這兩者之間。無論哪位教育實踐家，都不可能沒形成自己的教育理論，哪怕只是一點點或者模糊不清的理論；反過來，無論是哪位大膽的理論家有時都應該注意一下事實。但如果說那些不切實際的教育理論可以不相信，那麼可以認為實踐家個人的經驗沒有重要的普遍意義是有更多的理由的。難道教育這項事業是如此的容易，以致只要獲得了教育者的名義，就可以徹底的理解這項事業了嗎？難道只是從事幾年教育活動和個人觀察，就能夠將教育事業中的一切問題都解決了嗎？那些最頑固的因循守舊的教育家喋喋不休地說著自己教育藝術的難度，並極其

第一章　論教育書刊的效益

排斥理論，他們的根據就是它對那些脫離實際而自作聰明的人來說，掌握起來太容易了。當然，無論哪個教育實踐家都不會排除自己的工作還存在或多或少的進行善的可能性；當然，他們中間的任何一位，都不會在自己的同行中找到在教育藝術上能夠和自己相提並論的人。相反的是，他們中間的所有人都樂於扳著手指計算自己的教齡，對自己豐富的教育經驗而十分的自豪。然而，這種不平衡是以什麼為基礎的，或者換句話說，教育經驗是什麼？就是教育者在教育工作的過程中所經歷的大大小小的、或多或少的事實。當然，如果這些事實始終只是停留在事實的水準上，那麼它們就根本無法提供經驗。它們應當影響教育者的頭腦，並透過教育者的頭腦根據自己的特點加以分類、概括，然後變成思想，而只有形成了這種思想（已經並非事實本身），才能成為教育者發展教育活動的準則。作為一個人，他的活動總是產生於自覺的意志中，產生於理性中；但是在理性的範圍內，事實本身並不重要，重要的只是事實的觀念方面，是從事實中產生並且因為事實而得以充實的思想。各種事實在其觀念形式中的關聯、實踐的觀念方面，都可以成為像教育那樣的實際工作的理論。反對這種理論與一般的反對思想，其實是一樣的。然而無論什麼情況下，教育者都應該是思想的捍衛者，這是因為假如他只承認事實和個人經驗的作用，那麼他自己教的

整個學科又有什麼價值呢？一方面他跟自己將理論的作用加以否定，而另一方面卻又持續的將理論講述給孩子們，這難道不是自相矛盾的嗎？如果說理論在現實生活中沒有任何價值，那麼傳授給孩子們的科學知識又有什麼價值呢？而且，教育者自己的知識又會具有那些價值呢？

確定無疑的是，教育活動是屬於人的理性和自覺活動的範疇；教育這個概念本身就是由歷史創造的；自然界裡並沒有教育。此外，這種活動完全是為了發展人的意識：它怎麼可以將思想否定，怎麼可以不再追求認識真理，怎麼可以拒絕思考計畫呢？

如果說，教育書刊並非為我們提供那些已經經過清楚的了解及深思熟慮的經驗匯集，也非為我們提供和教育工作有關的思考過程的結果，那麼它到底為我們提供的是什麼呢？哪一位教育者——即使他是一個因循守舊者中最頑固的那個——會拒絕接受比他經驗豐富的教育家的建議，或者不想為剛加入工作的同事提供合理的建議？實踐和事實不過是事情的一個方面，如果在教育工作中只承認實踐的作用，那麼即使是這種相互提供建議的方式也是無法進行下去的。能夠彼此提供的是產生於經驗中的思想，而非經驗本身；當然，只要所提供的並非一道巫婆的藥方：「你，我的老兄，看一下這幾個字，寫到一張小紙條上，然後燒了它，用水和了紙

灰，再迎著朝霞吞下去，那你肯定可以看見什麼奇蹟的」。教育藝術難道可能陷入這樣飽含迷信、偏見和古怪念頭的愚昧無知的境地當中嗎？然而如果讓它只是憑藉每一個教育者的單獨實踐，那麼它就會是這樣的命運。

人們對此可以發表自己的議論：「這是一位十分高明的教師，這是一位十分高明的教育者。」然而他為什麼會有如此大的力量，他的教育藝術是如何形成的 —— 並沒有誰清楚，也沒有人懂得其中的道理；想實現這一點，除了靠自己個人的實踐，沒有別的辦法。這不就和巫婆們玩的把戲是一樣的嗎？難道教育這一讓意識和意志獲得發展的藝術，就可以停留在如此低階的階段，甚至都不能提高到醫學現在達到的水準？而醫學雖然對匯集各種事實十分注重，然而它的依據，一方面是對人的機體及其機能的了解，另一方面則是各種毒物和藥物特性的作用。

醫學技術和教育藝術之間相似之處很多，我們就利用這些相似之處，來將教育工作中理論與實踐之間的關係更清楚地闡釋出來。

只憑藉理論知識是無法造就一名優秀的醫師的；想實現這個目標，具備天賦的觀察力和獲得多年的實際經驗是確定無疑的；但是難道這樣就能夠因此而降醫學作為一種學說的作用否定嗎？假如醫學還停留在巫婆藥方的水準，或者停留

以偶然發現的某些藥物的醫療特性為基礎上，那麼它就根本無法獲得進步！如果醫藥實踐沒有以關於自然科學的知識去充實自己，而只是停留在實踐的水準上；如果所有的醫生都直接從事實際的工作，沒有經過培訓，靠的只是自己的觀察能力或者個人的經驗，那麼如此醫學實踐能夠獲得怎麼樣的成果呢？在這樣的道路上，即使是最有才能的人，也會犯下大量的大錯誤，而這樣的錯誤是現在那些距離畢業還遠的醫科大學生都不可能犯的；這些錯誤造成的損失重大，這其中包括很多人付出了的生命代價。這樣的錯誤還只是個人的經驗，但是它們也根本無法帶來絲毫的益處，因為所有的醫生都要自己從頭做起，走上同一條別人已經犯過很多錯誤的道路。在醫學中的這種因循守舊的設想本身看來好像是極其荒謬的，但是這只是因為醫療技術依靠科學已有幾百年的歷史了。但是為什麼能說這種看法運用在教育方面，是較為合適的呢？為什麼對於一個教育者而言，能夠不要求他提前接受過工作上的培訓，而讓所有的工作所憑藉的都是他自己的觀察和自己的經驗？難道教育事業的重要性不如醫療事業嗎？難道是人的心靈這教育的對像不像軀體這醫學的對象具有自身的規律嗎？為什麼解剖學、生理學和病理學可以在軀體上運用，卻不能在心靈上運用呢？難道心靈並不像軀體這樣具有自己的機體，按照自己內在的規律而發展，並且可能出現

偏離正常狀況的情況？難道在各式各樣的人的心靈活動現象中，在他們的心靈發展過程裡，我們就找不到哪怕一點點的共同之處嗎？難道在這裡就沒有各種事實和規律嗎？

　　倘若說只是建立在因循守舊和陳規陋習基礎上的醫療實踐可能導致很多禍害產生，而它可能產生的益處卻極其匱乏，那麼處在相同情況下的教育實踐也會是一樣的結果，禍害很多，益處極少。拙劣的醫療技術導致的後果是較為明顯的，人們可以感覺到它們；然而不良的教育所導致的後果在嚴重的程度上是一同；然而如果說它們不那麼明顯，那只是因為它們並沒有獲得多少人們的關注。當然，並不是說可以將人們的所有不道德的行為和所有愚昧無知的表現，都算到教育工作中的不足和錯誤之處，至少，就像並不能將所有的疾病和過早的死亡都算到醫療工作中的不足和錯誤之處的頭上一樣；反過來，健康的心靈或軀體也並不是一概而論的歸功於醫療或教育的努力。然而在現在，有誰還會對科學的醫療方式能夠帶來益處表示懷疑呢？眾所周知的是，科學的醫療方式一方面可以對早逝和疾病的原因給出解釋，另一方面又可以給出一些從不接受醫生治療，或者偶然幾次被巫婆治好病的人會健康長壽的原因。

　　不過，也有部分教育實踐家並不承認對教育科學進行理論研究的益處，他們的理由是他覺得自己在沒有理論協助的

情況下，已經獲得了足夠大的成績。我們只能對這樣的教育實踐家說，他是一位空想家，一位極其偉大的空想家，極少對社會生活和個人生活所提供的各種現象進行觀察。而在教育偏離正確的方向時，即那些在青年時代接受過教育的人們的精神面貌並沒有發展得很好時，我們只有故意的閉上眼睛才能看不到，教育對社會道德的影響是多麼的渺小，而它在讓人的精神高於肉體以及在突出人的精神需求方面可以發揮的作用又是多麼的微不足道。不信善，貪圖金錢，輕視思想，缺乏道德準則，喜歡走捷徑，漠不關心社會利益，姑息縱容那些破壞品行規矩的行為……這些都是教育要與其進行爭鬥的敵人。

倘若你將那些真正得到了高度發展 —— 無論是在道德方面還是智力方面 —— 的人的數量，和受到系統教育的人的數量比較一番；如果你去一些中學中看一下，並將那些新生的數量和即將畢業的學生的數量比較一番，那麼你就會知道，教育需要做的事還有很多！

然而，我們將社會道德和社會的智力發展水準方面的責任都算到教育頭上，這樣是不是過高的要求了教育呢？我們應該向教育提出和對醫療事業一樣的要求，也就一些受條件限制但是很實際的要求？如果教育不影響人的智力發展和道德發展，那麼它還有什麼用處呢？如果說我們的天性高尚與

否決定了我們是否履行社會義務，那麼還有什麼理由去死啃阿里斯提德（Aristides）、蘇格拉底（Socrates）和老加圖（Cato Maior）們的歷史呢？如果學習歷史、學習文學、學習眾多的學科都無法促使我們對思想和真理的愛要超過對金錢、紙牌和美酒的愛，也無法促使我們將精神上的享受放在肉體上的享受之上，視精神方面的優點要高於偶然產生的優點，那麼我們還要去學習這些東西做什麼呢？難道僅僅是為了在學校裡待上幾年是履行青年時代的必要手續，最後獲得一張證明你已經將全部課程順利修完的文憑？但如果是這樣，那為什麼還要去浪費如此多的時間，只是為了那些在生活中沒有任何用處、除了考試就再也不需要的知識呢？在這樣的情況下，只要教一教一些技術知識，傳授讀、寫、算、量就可以了。但是如果將教育僅僅局限於傳授技術，又有誰會同意呢？

不能向醫學提出根除早逝和流行病的要求，也不能向教育提出徹底根除道德敗壞、蔑視思想和真理或某些社會弊端等個別情況的要求，因為這些情況就和傳染病一樣，常常是存在連醫學或教育也無法解決的客觀原因的。但如果醫學既無法預示疾病，又不能預防疾病，也治不好疾病；那麼又為什麼要設置醫療系呢？

嚴格的講，醫學還有教育學都是不能稱為科學的。無論是醫學也好，教育學也好，都不能像掌握數學、天文學、化

學、解剖學以及生理學等學科那樣的方式去學成。醫學和教育學，除了要對哲學與自然科學領域中的各門學科有所了解外，還要求在實踐中運用這些學科的知識：它們需要很多自身並不構成一門學科的實際知識，需要鍛鍊觀察力以及某些方面的技巧。但是，教育學雖然和醫學同樣並非一門科學，卻具有發展理論研究以及實際研究的可能性。中等師範學校、師範學院或者一些專門培訓教師的機關，都是必不可少的，與醫療系一樣。一所沒有附設實習學校的中等師範學校，就像一個沒有附設教學研究性的診所的醫療系一樣；但是如果只有教育實踐但是缺乏理論，那麼就像醫學中的巫醫術一樣了。

然而可能有人會向我們指出，醫學與教育學相提並論是錯誤的，因為醫學研究的依據，是對人的機體以及影響機體的各種自然物的實證研究，而教育學卻是一些心理學家們的虛無縹緲、模糊不清、自相矛盾的理論，而在這樣的基礎上是無法建立起可靠東西的。有人覺得和對人的機體的各種現象的研究比起來，對心靈的各種表現的研究還處於極為不完善的狀況 —— 對此我們無法表示同意。然而心理學到現在也沒有達到與解剖學、生理學和病理學同樣的水準，這是誰的問題呢？不是醫學以自己的要求促進這些學科得到發展嗎？教育學對於心理學、人類學和邏輯學來說，不是承擔著一

樣的責任嗎？如果醫務實際工作者沒有去對這些學科進行研究，沒有將它們匯總研究，並且用新的經驗去對它們進行檢驗並充實，沒有將那些依據各種不一樣的理由摘錄下來的、分散在各種不一樣的著作裡的大量零星的資料歸結在一個體系當中，那麼對人體現象規律進行論述的各門學科，現在大概也會是很可憐的狀況。心靈生活的現象與肉體生活的現象是同樣的重要，也同樣的無法改變。

　　儘管心靈並非像死的機體那樣的物質培養基，然而它是永恆的、生氣勃勃的，而且還可以隨時接受我們的觀察和試驗，準備回答我們的問題。這樣的觀察和試驗難道還少嗎？每一個善於深入觀察自己本人的人，就是一本現成的心理學教科書；你幾乎不會找到一本沒有對心理事實的描寫以及對心理現象的看法的書；書中的全部情節都是寫的和人的心靈有關的故事，而將描寫人的肉體有關的故事忘得一乾二淨；任何一首詩，任何一部傳記，任何一部中篇小說，任何一部長篇小說，都擁有大量的心理事實和心理觀察描寫；一本品質低劣到在其中沒有反映出心理學觀點的整個體系的地步的教育學教科書是不存在的；而教育實踐為進行心理觀察提供了多麼廣闊的天地！難道讓教育心理學家覺得為難的不是資料匱乏，而是資料太豐富了嗎？然而，我們希望一個教育家 —— 主要是教育實踐家 —— 同時還是一個心理學家，這

是否是一個過高的要求呢？可是難道實際情況不是任何一位教育家他本來就是一位心理學家嗎？他對自己的學生進行研究——研究他的愛好、才能以及優缺點，對他的智慧發展情況進行觀察並予以指導，對他的意志進行培養，對他的思考能力展開訓練，啟發他的才智，培養他的興趣，幫助他克服懶惰和固執的習性，並將天生的不良趨向根除，將他對真理的愛喚起——總而言之，一個教育實踐家無時無刻都在心理現象的範圍內活動著……或者就是迫使學生進行背誦，一個字都不能差，或者是懲罰那些功課沒有學好或在課堂上吵鬧的學生。以下這三者必居其一：或者心理學是一門如此簡單的學科，以至於任何一位教育實踐家都可以輕鬆掌握，不必有任何培訓；或者教育家是一部機器，負責授課、提問，以及懲罰那些落到他手中（因為鑑別過失也需要對心理學的熟悉）的學生；最後，或者是教育家在成為一個實踐家之前，就應該心靈的各種現象進行詳細的學習和了解，對運用教育藝術的目的、對象和條件進行深入的思考。我清楚，人們習慣於將教育視為任何人都能辦到的事情，這就讓他們在看到了大量的要求之後會覺得，即使不提這些要求，事情一樣能夠進行。毫無疑問，事情是能夠進行，但是又能進行得怎樣呢？希望所有的教育實踐家在寫參加隆重的畢業典禮的發言稿時，或者在為自己的寄宿學校起草什麼某個布告時，能夠

好好的想一下，他的關於教育的一些詞句與事情本身之間的關聯又是怎樣的！難道教育就只應該停留在詞句上，而且由於公開試驗的順利進行就能夠滿足了嗎？

誠然，並不是所有的教育實踐家都應該成為一個學者或者一個精深的心理學家；但是，推動科學向前發展，促進心理學體系的建立，並將其投入實際中進行檢驗和完善 —— 這個責任落在所有教育工作者的肩膀上，因為只有這類人是對人的精神方面進行研究的；對於他們的實際活動而言，對人的精神方面進行研究就像醫生對人的肉體方面進行研究類似，都很重要。但是可以而且也是應該要求每一個教育實踐家要自覺而又認真的履行自己的義務，而且在著手對人的精神方面進行教育時，要將他能夠運用的所有方法都運用起來，以便對自己一生活動的對象盡可能更清楚的了解。

實現這一目的的最強有力的工具就是教育書刊。它們可以讓我們許多聰明而有經驗的教育家所做的心理觀察有所了解，而最主要的，是可以將我們自己的思想引向那些可能很容易被我們忽略的事物。如果說我們對一個手藝人提出要求，要他關心自己的手藝，要他盡量的努力去熟悉它，那麼我們將孩子們託付給自己的社會，難道就沒有權利要求我們盡自己的最大努力去了解讓我們負責照管的對象 —— 了解人的智力和道德方面具有哪些特性嗎？教育書刊為我們開闢了

實現這種了解的廣闊道路。

　　當然，沒有人會懷疑教育是一種自覺的活動，至少從教育者的角度而言是這樣的；所謂自覺的活動，就是在這樣的活動中我們已經了解了目的，與之相關的資料也熟悉了，經過了反覆的思考和試驗，選定了為實現我們已經認準的目標而一定要採取的方法——只有這樣的活動，才能夠稱之為自覺的活動。如果沒有具備這些條件——甚至是在我們的物質需求方面也不具備這些條件的活動，就不能稱為人的活動；尤其是在涉及到人的道德發展和智力發展時，更是如此。不過，為了可以自覺的選擇實現教育目的的方法，並且堅信我們所選擇的方法是最行之有效的，那麼我們首先就應該了解這些方法。教育措施以及教育方法都是極其豐富多樣的；一個教育者只有全面的了解了這多樣的措施和方法，才能將那種頑固的片面性擺脫；然而有些遺憾的是，我們常常可以在一些不熟悉教育書刊的教育實踐家身上，找到這種頑固的片面性。如果說因循守舊是錯誤的，那麼只要有一個教育家染上了這樣的習氣，就會造成極大的禍害！它有可能對 30 代甚至 40 代人都產生不良的影響——想到這裡，不禁有些感到恐懼。難道在開始進行責任這麼重大的工作之前，不應該首先確認一下，你的教育方法和教學方法是不是真的比別的地方和別的教育家所使用的所有方法都更有效——不應該首先

第一章　論教育書刊的效益

確認一下，是什麼在讓你在 30 年的實際工作中，都自尊的堅持著那種儘管是錯誤的方法？

　　我想會有人會向我們指出，倘若所有的教師都隨心所欲的選擇自己的教學方法，而所有的教育者也都隨心所欲的選擇自己的教育方法，那麼在公共學校裡，尤其是在大型的公共學校裡，這種方法上的多樣化就會產生極大的危害。不過，首先，無論因為不一樣的信念而產生的多樣化是多麼的有害，但它終歸是要比缺乏信念的死板的單一化是有好處的；其次，有一點應當指出，對於公共學校而言，我們所說的教育工作者，絕對不是僅僅指的教師和直接的教育者（家庭教師、監護者），而是包括教師和教育者們共同的會議人員（代表會議、協商會議等）、學校的領導人員（校長、學監等）還有教學委員會人員等。公共教育機構裡的任何一個成員的分工都是確定了的；不過要說這一機構中最重要的成員，自然是教師和直接的教育者（如果這兩種職務像英國的大多數教育機構中一樣，並非由同一個人兼任），無論和教學和教育的相關指示是多麼的詳細、多麼的準確，它們永遠都無法彌補教師信念的不足。一個和他的學生們處於面對面地位的教育者（教學不過是教育的方法之一），本身就具有在教育工作裡獲得成就的所有可能性。教育人的最主要的途徑，就是培養信念，但是只有以信念才能培養起信念。任何教學大綱，

任何教育方法，無論它有多麼的完善，如果無法轉變為教育者的信念，那就無法擺脫一紙空文的命運，無法發揮任何實際的作用。在這件事情上，就連最警惕的監督也是無法產生效果的。一個教育者永遠都無法成為教育指示的盲目執行者：教育指示如果沒有經過教育者個人信念的加溫，是根本不可能具有任何的力量的。在學校裡，毫無疑問的是很多東西都取決於學校整體規章制度，但是最主要的方面則永遠都是有與學生處於面對面地位的直接教育者的個性所決定的：對年輕的心靈而言，教育者的個性是一種強大的教育力量；無論是教科書，還是道德格言，或者什麼獎懲制度，都無法代替這種力量。當然，學校的精神發揮著重要的作用，不過這種精神不是僅在學校的圍牆之內發揮作用，也並非一紙空文，而是扎根於大多數教育者的性格裡，並且又從教育者的性格裡潛移到被教育者的性格裡。

然而，如果說教育者的個性意味著教育工作中的一切，那麼除了透過符合教育學的教育工作，除了透過自由的信念，除了透過教育書刊以外，還能以什麼方式去對個性施加影響呢？

只有教育書刊，才能讓教育活動得以活躍起來，讓它具有某種意義和趣味，而教育活動如果沒有了這種意義和趣味，馬上就會變成機械的度過安排上課的時間。只有教育書

第一章　論教育書刊的效益

刊才能引起社會上的人們重視教育事業，並且賦予和教育工作者肩負重任相稱的社會地位。教育書刊一方面確定社會對教育事業的正確要求，另一方面又給出如何才能讓這些要求得以滿足的途徑。

如果一位教師只是在教室裡從事自己的工作，而當他跨出校門，無論是在社會上，還是在各種書刊裡，都感受不到對自己工作的關心，那麼他很快就會對自己的工作冷漠起來。教育者對學生們應當具有深厚的愛，這樣才能即使是一個人獨處的時候，也會始終想著自己的學生們；但是如果社會本身沒有對此表現出關心，那麼它就沒有要求任何一個人具備這種愛的權利。

當一個孤零零的進行著自己那些單調無聊、索然無味的活動的教師看到，無論是社會，還是各種書刊，甚至亞述古蹟和伊特拉斯坎花瓶都在被研究的範圍之內，教師的質樸的事業卻不在，那麼他就得擁有 —— 我們再重複一遍 —— 非凡的道德力量，才不至於在單調的教師生涯那讓人昏昏欲睡的氣氛中酣然入夢。科學、文學作品和社會生活中的問題，甚至和教師的微不足道的活動沒有任何關係。一部新的中篇小說，一齣新的獨幕輕喜劇，一把新的小提琴，甚至一頂小帽子 —— 和教師活動的小小事實相比，這些東西都是一些多麼了不起的現象啊！教師的職責好像只是去處理兒童淘氣之

類的小事，它不值得引起那些忙著生活中各種具有實際意義的事情、不過還要對自己孩子的考試和畢業問題多多少少給予一些關心的成年人的注意。一個開始從事自己工作的新的教育者 —— 可能他此時的心願是十分美好的 —— 很快就會發現，在課堂範圍之外沒有人在進行教育工作，因此他自己也就會逐漸的習慣於教育工作也只是在課堂上進行 —— 習慣於將教師活動中的問題視為微不足道的小事，這些小事甚至無法和那些引起社會注意的別的任何職業中的一些微不足道的小事相提並論。他很快就會對某種不知什麼時候形成的、呆板而又因循守舊的東西感到滿足，而這種東西通常都是靠不住的，而且基本都是片面的。有時甚至還會發生這種情況：在沾染上了這種因循守舊的習氣之後並且這種習氣還很頑固的時候，他就會開始用某種仇恨的心理看待任何一本和教育有關的書籍 —— 如果有這樣一種書籍偶然的落到了他的手上 —— 因為他已將它視為粗暴的破壞自己多年安寧生活的東西。在這樣的情況下，想讓他信服很難：他在不長的年月中獨自獲得的經驗 —— 即使是四、五十年的經驗，和人們累積於很多個世紀的經驗相比，都是微不足道的，因為許許多多人的教育活動的成果都凝聚在這些經驗當中，這些人最差的也都是像他一樣的教師，而還有許多是傑出的天才，和為教育事業貢獻了畢生力量的非凡人物。這樣的教師大多都非常

第一章　論教育書刊的效益

　　樂意向別人提出各種建議，而從正常的理智出發，他往往也不會對另一個教齡長於他、經驗豐富於他的教師提出的建議持蔑視的態度。然而與此同時，他卻會固執的對基於整個人類累積於很多個世紀內的經驗而提供的各種建議表示拒絕接受，也會固執的對一些最有經驗、最著名的教育家所提出的各種建議表示拒絕接受，僅僅是因為這些建議是以出版物的形式發表的。這難道不是咄咄怪事？但是實際上，這種情況確實存在。

　　教導和教育活動，可能比別的任何活動都需要經常保持精神上的振奮；但是這種運動卻又比別的任何運動都難以引來社會的目光，而且它的成果無法迅速的顯示出來的，所以也就不可能被很多人看到，尤其是很難為教育者自己看到；這種單調枯燥的活動會麻痺人的智慧，並且讓人逐漸對無意識的行為感到習慣了。機械的教學過程、對淘氣的孩子進行令人厭倦的照看，都無法為智慧的發展提供糧食，同時也無法讓智慧獲得在從事單純的體力勞動時所獲得的那種自由。一個人在鋸木板或砍柴火時，還能想一想別的事情；但是當一個人在第一百次講解他早已爛熟於心的資料時，他又像在思考，又不像在思考，他的理性會陷入一種半睡半醒的狀態，這是不由自主的；因為習慣而造成的這種狀態變得既甜蜜又誘人，就像土耳其人那樣，十分的悠然自得。教學活動

的這種讓人昏沉的影響是很好發現的，所以會經常遇到這樣的人：在教育工作中，他們並沒有發現那種只有透過深入研究才能發生的興趣，而是發現了教育工作對自己產生的催眠作用，這之後他們就退出了教育舞臺。的確，一個被激起了強烈的智力活動願望的年輕人，很難下決心將自己的一生，貢獻給在社會上彷彿沒有誰在思考、而且無論什麼地方都聽不到一個相關的字眼、無論從哪本書刊上都看不到一行相關的字句的一種職業。

　　請看一下所謂投身於自己工作的教師，這是另一種類型的教師。他彷彿積極參加能夠發生作用的所有活動：意味深長的微笑，嚴厲的皺起眉頭，做著有力的手勢。不過請不要相信這些微笑、這些神氣十足的皺眉和這些手勢。在 20 年來的每一堂課上，他都是這樣的微笑，這樣的揮動著手臂的。他打著甜美的盹，然而在某個淘氣鬼擾亂了他的安寧時，他就會生氣的醒來。下了課以後，他回到了自己的家裡，很多日常生活裡需要他操心的事 —— 說不定還包括玩紙牌，這得看年齡與愛好 —— 又重新將他喚回到生活中來。對於這樣的教師來說，怎麼可能要求他的學生，始終保持的激昂狀態呢，雖然這是進行任何一種富有成效的學習所必需的？他們只是乖乖的坐在那裡，生怕將儘管是在講課，但卻是在打盹的老師吵醒。

第一章 論教育書刊的效益

　　當然，話又說回來，這是一種例外的情況，但是這是一種經常能夠遇到的例外，但是如果可以由教育書刊將教育活動的一切引人入勝之處展示給人們，並由此引發人們對教育活動濃厚的興趣，那麼就不應該產生，也不可能產生這種例外。

　　內容豐富的、生命力強的、合乎現代水準的教育書刊，可以讓教育者擺脫死氣沉沉的、與外界隔絕的環境，引導他進入終生為教育事業獻身的思想家們的圈子裡。一個適應了教育的現代發展進程的教育者，意識到自己是偉大群體中的一個積極活躍、富有朝氣的成員，這個群體正在與人類的愚昧無知和各種惡習進行爭鬥，意識到自己是那些在人們過去的歷史上曾經有過的所有高尚的、崇高的東西和新的一代之間的中間人，意識到自己是捍衛為真理和幸福而抗爭過的人們的神聖遺訓的人。他感覺到自己是處在過去和未來之間的、一個活力四射的環節，是善良和真理的有力的維護者，並且理解到，從表面看來他的事業彷彿微不足道，然而卻是歷史上最偉大、最崇高的事業之一，各個王國都是在這個事業的基礎上建立起來的，而且世世代代的人們都是依靠它才得以生存。他看到，那些胸無點墨、心靈空虛、帶著煙火般的光芒和劈劈啪啪的響聲消失得無影無蹤的芸芸眾生，確實很少留意對於在他思想中產生的一些關於他的活動的問題，

然而這些問題卻可以引起成千上萬個最高尚、最有智慧、深刻的理解了教育的所有重要意義的人的注意。

另一方面，因為教育書刊的存在，無論哪個教育者，都有讓自己跳出自己本人富有成效的活動的狹隘範圍的可能。他在本身的實際工作中所累積的思想和經驗，產生於他頭腦裡的新問題 —— 這些都不會只局限於他的學校的範圍之內，或者從更壞的角度而言，不會隨著他的死亡而消失，而是會出現在寫作領域，進而傳遍俄羅斯的任何一個角落，傳入任何偏僻的地區，只要那裡有學校，並且因為他的思想和他的許多同行的事業有著直接的關係，所以會引起他們的讚許或爭論；他的思想可能獲得熱烈的支持，贏得眾多的捍衛者，並且得以在整個國家公共教育的廣闊範圍之內付諸實現，而不僅僅是一個班級或一個學校的狹窄範圍。

但是，教育書刊不只是對於教育工作者而言是必不可少的，對家長們而言，它同樣是必不可少的。

要知道，家長們向教育提出的要求是多麼的五花八門，而且有時候又是多麼離奇古怪啊！這些要求與關於教育目的的隨便哪種正確概念都相牴觸。毋庸置疑，所有人都希望自己的孩子在各方面都是最出色的；但是人們對最好的這個詞的理解卻千差萬別，以致往往有人為了滿足這個願望，而將教育變成拿孩子的道德和未來的命運來做投機的勾當，這是

喪盡天良、弄虛作假的。有教養的人的概念 —— 這是一個擁有豐富內涵的概念。人們往往稱這樣的人為很有教養：他會打極為漂亮的領帶，會趕時髦，會說多種外語，會讓客廳裡的談話滔滔不絕，能博取女士們的歡心等等；人們往往還會稱那樣的人為很有教養：他擅長討好別人；又會趾高氣揚；如果場合需要，他還會發號施令；他不會放過任何落到他手中的東西等等。關於女子教育的概念通常更加古怪：一個有教養的女孩應該是這樣的：她善於哄騙別人，善於輕快而又漫不經心的彈奏一曲極難的詠嘆調，善於將冷靜的理智與天真爛漫結合在一起，並且善於將最不友善的心靈活動掩蓋在親切的笑容之下；而女子教育的主要目的，就是要抓住一位有錢的求婚者。請想想吧，應當怎樣稱呼那些決定滿足這樣的要求的教育者呢？怎麼稱呼都行，只是看在上帝的分上，別稱他們為教育者就行。

那麼，隨之而來的後果又是怎樣呢？家長們總能因為實現了自己的要求而覺得心滿意足嗎？並非如此！一個人內心的冷漠無情和卑鄙無恥，首先會對他的家庭關係產生影響，儘管形成這種習性，無疑並不是直接為了對付別人的。野蠻和自私的禍害透過文明的外表顯現出來，與此同時，造成這些禍害的人自己也不清楚這些禍害到底是怎樣產生的。

在將自己的子女交給教育者或者送到學校去之後，家長

們當然不應該就此擺脫了神聖的監督子女教育的義務。但是為此家長們應當有這樣一個正確而清晰的了解：他們一方面可以向教育者或者學校提出什麼樣的要求，而另一方面又可以對自己的子女提出些什麼樣的要求。如果僅僅是觀察自己的子女獲得多少分，是不是升了級，得到了怎樣的考試評語，是遠遠不夠的。任何一個公共學校的教師都知道，學生的家長們常常對學校中一些和他們子女有關的實際情況產生完全錯誤的理解，所以有時會因為某些完全沒有理由受到懲罰的事情而懲罰他們，有時又親自鼓勵他們去做其實是學校反對做的事，有時還會將與真正的道德教育完全背道而馳的思想方法灌輸給他們，而又會自己感覺奇怪：為什麼他們教育子女教育得如此糟糕？為什麼他們教育子女，結出了苦澀的果實？

家長們為自己的孩子選擇教育方式，選擇教育者或者學校，由此確定他們的生活道路。為了實現這一切，就應該對子女身上各種趨向的特徵有清楚而正確的了解，對各種教育和教學方式的要求和目的有所了解，善於選擇並評價教育者，對各種教育機構的情況及其課程、要求和目的也心中有數，善於分析它們的長處和短處。而所有的這些，遠沒有剛開始看起來所感覺的那麼容易。

只有當家長們能根據教師的人格及其事業的重要性來評

第一章　論教育書刊的效益

價他們時，才能夠指望找到優秀的家庭教師，並且遠離大量的外國騙子們，要知道不少家長都輕率的將自己子女的道德品格託付給一些外國人，而這些外國人只會招搖撞騙。但是，要想能夠識別什麼樣的人才是優秀的教導者和優秀的教育者，就應當知道：教育是什麼，它有怎樣的要求，會出現哪些困難，而做到對這一切心中有數，也是為了不會上當受騙，因為一旦上當受騙，付出的代價是極大的——子女的性格和前途斷送了。

在一部分家庭裡，家長本身就是——部分的或者完全的——自己子女的教育者，我們就不去談論這樣的情況了。如果是這種情況，那麼在專門談論教育者時所說的所有內容，也都是適用於家長的。但是家長們從來就是——儘管可能只是部分的——自己子女的教育者，並且在為教育工作在以後的成功或者失敗播下最好的種子。

不用解釋就能清楚，對於這樣情況的家長們來說，獲得教育學方面的知識有多麼的重要。

社會在教育事業中所獲得的所有可靠的成果，都一定是憑藉教育書刊才能獲得的。教育的範圍如此靈活，如此錯綜複雜，以至於思考出某種恰恰能產生預期效果的教育措施是幾乎不可能的。任何一種新的、和公共教育有關的規章制度，投入實際執行之後，都必然會表現出一些良好的或不良

的特性，然而這些特性都是無法進行預料的。教育書刊應當如實的反映教育實踐的成果，並將它們保存下來，使其可以為任何一個人所接受；只有以這些成果為基礎，公共教育才能夠得到進一步的發展。

比如，某一本在當時而言是非常優秀的新教科書，被很多公共學校選為教材使用。毫無疑問，這本教科書也有它自己的優點，也有缺點，不過只有透過廣泛的實踐，這些優點和缺點才可能充分的表現出來。如果教育書刊可以把實踐所提供的所有資料和要求收集起來，那麼編纂新教科書的人就可以讓自己的這部新著作，與經驗和實踐所提供的這些指南相對應。所有了解這一事業的人都確定無疑的可以理解，對於教育而言，一本高水準的教科書具有的極重要的意義，對各類教科書給予多角度的評論是必不可少的，而且在這方面經驗和實踐所提供的指南也是不可或缺的。

最後，對於那些歷史上沒有像英國這樣，在教育事業中形成了社會輿論（在英國，那些已經有數千年歷史的高等學校和歷史悠久的中、小學形成了對於教育事業的社會輿論）的地方，飽含活力的教育書刊不只是可以反映社會輿論的最重要的工具，它甚至還是進一步發展和純潔化社會輿論最有力的方式。關於教育的明確而肯定的社會輿論，可以認清教育的目的及其要求還有方法；它正是能讓民族教育的獨立發

展得以生根發芽的土壤，是讓全民族獲得長足發展的最重要的歷史手法之一。在另一篇著作（〈論公共教育的民族性〉）中，我們已經將這一思想較為充分的闡述出來了；在這裡我們只是說明一下，只有那些不以個人的刁鑽古怪的、像流行服飾那樣經常變化的、而且通常和教育的道德觀念根本背道而馳的要求為轉移，而是將自己的規章制度的建立是以社會輿論為基礎並與之共同存在、共同發展的教育，才會具有真正的教育力量。但是關於教育的社會輿論不僅應該，而且能夠存在於每一個地方 —— 這一點是絕對毋庸置疑的。不妨想像一下，關心教育事業的人有多少啊！任何一個只要是有點教養的家庭裡，不議論一些和教育有關的事情都是不可能的。所以，我們所缺乏的並非為關於教育的社會輿論所應當提供的資料，而不過是反映社會輿論並讓其獲得發展的方法 —— 缺少的是教育書刊。

　　為了教育事業中的社會輿論的所有重要意義形成清楚的認知，我們舉兩所為顯貴階層的子女開設的學校作為例子：一所比如說就是那所古老的英國學校 —— 伊頓，另一所就是巴黎隨便哪所時髦的寄宿學校，或者甚至是巴黎最好的學校也可以。

　　伊頓公學與牛津持直接關聯已有好幾百年了，它對一些古老大學的教育體系表示贊成，所以它自己一貫奉行的規章

制度從來都不會改變，無論家長們提出什麼樣的要求，無論這些規章制度是好的還是壞的，但是它們依然為社會輿論所讚許，而儘管英國的顯貴們可能並不完全滿意伊頓教育折磨人的體系，但是他們依然將自己的兒子送去了伊頓上學。這是由和它有關的社會輿論所決定的，因為這種輿論讓人確信，伊頓的教育是非常優秀的，這是真正貴族式的教育。要想讓伊頓改變自己的教育方式，就一定得讓牛津和劍橋改變教育方式；而這恰恰就要求整個教育事業的社會輿論的根本改變，毫無疑問，這種社會輿論並非為伊頓學生的家長們所支配，而是由民族發展的整個進程所決定的。只有伊頓的規章制度不再具有英國的特點，伊頓才會對這些規章制度做出改變；而在這之前，家長們卻都應該屈從於它的教育規章，這和他們的父輩和祖輩們屈從於它們沒什麼兩樣，儘管大部分家長並不滿意於這些教育規章。另一方面，作為英國概念的表現者，即作為教育的社會輿論的表現者，伊頓本身如果沒有破壞自己的原則的打算，那麼就不能違反這個概念。在連續不斷的培養一代代新人過程中，伊頓一方面有力的影響了社會風尚和社會信念，另一方面則持續的為自己開闢了通向未來的道路，並且為自己培養出一批又一批擁有強大影響的維護者。英國的一些歷史悠久的大學和中、小學的畢業生（在英國那些社會威望很高的人們中間，誰沒有在這些學校中

學習的經歷？）無論在什麼地方，都是自己母校的維護者，他們群起反對激進黨的猛烈抨擊，當然，在某種程度上是根據原則，而在某種程度上卻是出於對自己母校的情不自禁的愛，而這種愛是人所固有的。

任何一個父親都希望自己的兒子在他本人憧憬求學的學校裡就讀，這種願望在英國要遠遠強烈於其他任何一個國家；而且在牛津的各個學校裡，還沒出現過幾百年來由同一個姓氏世代相傳的獎學金和大學生住房。顯然，在社會與公共教育機構連結如此緊密的情況下，教育只可能和全社會的進步保持同步前進，而且教育規章將以社會輿論的全部力量對一些個人的要求進行控制，在社會輿論面前，個人應該將一些自私打算都隱藏起來。

而在巴黎的一些時髦的寄宿學校卻並沒有這種扎實的基礎。這些學校為什麼成為了時髦的學校？因為它們可以從那些以體面教育的名義掩飾自己最違反教育的概念的大多數家長的願望得到滿足。因為關於學校的指令經常出現變化，學校本身的方向也在不斷出現變化，以至於關於教育的某種概念就不可能扎根於社會；這樣，它就只能努力去迎合把自己的子女送過來並繳納學費的那些人的口味。然而這往往會是一些極其刁鑽古怪的口味，而且基本都會與教育的道德目的相悖。與此同時教育學就被置於極其低下的地位，而教師們

也只能處於指望獲得功名與金錢的投機者隊伍的末尾 —— 他們只能待在這裡，這是因為拿教育進行投機，獲得厚利的可能性極低，而透過從事教育來實現飛黃騰達的目的，終究是令人懷疑的。

如果公共教育處於這種狀況，那麼技術教育可能像在法國那樣獲得興旺的發展；不過教育對社會的道德影響卻會變得微乎其微。當然，沒有人想讓教育的範圍僅僅局限於技術教育部分。

然而無論公共教育的體系怎樣隨意多變，社會的特性仍然會在它的方針中反映出來，就像在法國所呈現的那樣，但是反映出來的並非總是社會特性最好的那些方面。人就是這樣的！他在社會輿論中的發言，好像總是表現他的良心，還有他的良好的信念；而在獨處時，在暗地裡，他就會放任自己心靈中某些動機的自由發展，雖然他清楚的知道這些動機的醜惡面，並且在公開場合是公開否定它們的。遺憾的是，這些暗藏的醜惡動機往往會對兒童的教育產生影響。在每個父親和每個母親的心靈中，往往會存在兩種截然不同的願望在爭鬥著；他們希望一切最優秀的道德品格都出現在自己子女的身上，但與此同時又希望他們在生活中獲得某些成就，而這些成就中的一部分，是並非具備最優秀的道德品格就可以獲得的。如果再加上家長的好權、虛榮、尤其願意喜歡誇

耀自己的孩子，還有許許多多低下卑劣的動機；於是那些最需要的不是社會輿論，而是學生的學費，也就是對家長的錢袋垂涎三尺的那種迎合人的口味的教育，就開始去主動配合這些動機。這樣，法國的教育好像在故意和自己的結構作對，它雖然也是具有民族性的教育，但它卻將民族性的弱點反映了出來，這些弱點不敢公開在關於教育的社會輿論中表達 —— 如果法國有教育相關的社會輿論存在的話。

　　當然，在英國，教育相關的社會輿論並不是由教育書刊形成的，而是形成於千百年來教育機構獨立而強盛的發展歷史，其中有些教育機構的歷史甚至比諾曼第征服還要久遠。歷史只能自然而然的形成，而不能塑造；但是很容易發現的是，在很大程度上，那些獨立而又飽含活力的教育書刊可以取代歷史的一部分作用，並成為教育相關的社會輿論的、十分生動的喉舌。在英國，由一些古老的大學還有那些和大學聯合成一個歷史性社團的一些古老的中、小學在千百年來獨立發展的歷史中所做到的一切，在美國則是透過各州政府目的性較強而又迅速的發展教育書刊、在社會上大肆傳播各類教育資訊、收集並公布關於公共教育的各種最細小的事實而實現的。這一切促成了關於教育的正確的社會輿論的迅速的，幾乎是突如其來的形成，並且獲得了社會切實的關心教育事業。隨之而來的就是公共教育的迅速普及，是公共教育

的各個組成部分的迅速完善。教育的作用之一，就是主要的
透過信念對別人產生影響，以及對社會產生根本性的影響；
而教育書刊就是讓這種信念得以存在的方法。

第一章　論教育書刊的效益

第二章
關於國民學校問題

第二章　關於國民學校問題

毋庸置疑，《2月19日法令》只是一個基礎，我們應該以此為基礎，為我們所有的農村居民逐步建成全新的生活方式的大廈，因為別的所有部門也都在為農民制訂著類似的《法令》。有一點用不著證明，那就是，在俄國這個農業國裡，農村的居民是整個國家主要的、也是最為重要的組成部分，所以在我們這裡，國家的福利主要是以農村階級的福利為基礎建構的，不過彼得大帝（Peter I）的改革至今也沒怎麼觸及到農村階級，他的改革主要還是針對社會的上層的。而目前這一階級也朝改良和改革的道路邁進了。只有在俄國的農村階級也開始前進的時候，我們才可以說，整個俄國已經走上了文明的道路了，這一點是毫無疑問的。這就是《2月19日法令》對於整個俄國的普遍的、重要無比的國家意義，它可以將橫在我們通向文明的道路上的最主要的障礙徹底消除。不難發現，隨著農奴制關係的崩潰，過去我們的社會生活裡面很多不可能實行的改良，目前都已經成為可行的了。然而可能性還不等於現實；在前進的過程中，重要的不只是將要有什麼東西出現，還有這即將出現的東西是什麼樣的。

任何一種在人民的生活方式中所進行的本質上的、並非虛假的改良，任何一種本質上的改革，都應當以內在的、精神上的改革為基礎，以產生於人民的精神生活中的進步為基礎，因為鞏固的外部改革，只能來自於這些精神上的改革

中。為了讓人民的福利還有其教育程度 —— 這兩者擁有密切的關聯的 —— 可以獲得真正的進步，只制定某些條例和規定 —— 無論它們的外部象徵怎樣 —— 都是遠遠不夠的，一定要讓人民的精神、人民的智慧及其道德感情賦予這些條例、規定、法律生命和力量。

　　一個單獨的人以及民族整體的精神發展和精神教育，並不是只由學校進行的，它們還在透過另外幾個偉大的教育者進行：自然界、生活、科學還有宗教。但是也很容易確信，所有這些偉大的教育者對人的教導，要想對其產生潛移默化的影響，一定是要在人的心靈對此多少有些準備的情況下。

　　在一個有教養的聰明人面前，在一顆高度發展的心靈面前，自然界是能說善辯的，但是如果面對的是一個半野蠻的人，它卻成了一個啞巴，因為這樣的人像動物似的，只會服從自然界的影響，然而卻並不能從這種影響中吸取任何新的思想，或者獲得任何新的感情。

　　誠然，即使是最不文明的人，也會被生活教會懂得許多東西，但是如果是受過教育的人們，卻可以從最好的生活經驗中吸取有益的思想；在弄明白了是怎樣一回事以後，能迅速控制自己的狀況，然而如果是一個不文明、不開化的民族，世世代代的經驗卻被沒有任何結果的放過：兒孫們依然重複著自己父輩和祖輩犯過的錯誤，並且因為這些錯誤而遭

到損失，卻無法發現這些錯誤；如果說只是借助於經驗也可以獲得一些發展的話，那麼這種發展的速度，和在高度發展而又自由的意識以及科學支配下的生活相比，就如同爬行的烏龜和開足馬力的火車頭相比差不多。這樣的對比可能會讓有些人想起俄國的一句諺語：欲速則不達。我們只能對這些人說，這個諺語只是反映了真理的一個方面，而卻將它的另一方面忽略了，那就是與血液循環過快一樣，血液循環過慢也會導致疾病。民族發展的運動，一方面應該和民族的力量相配，另一方面也應該和時代相配，因為現代的民族一旦落在整個歷史的進程的後面，那麼遭受苦難就在所難免了。一個民族在人類整個歷史生活中的現實作用，不只是它的對外作用，而且還是它內部福利的最主要的泉源之一。只有自覺的、明智的教育，還有合理的教學，才能使民族發展的速度進一步提高，因為它們可以啟發民族的智慧，將自由賦予民族意識，並用各種知識來充實民族意識；但是如果只靠經驗，即使花上幾百年的時間，也不會掌握這些知識。

　　有不少的人習慣於認為，少年時期所受到的所有教誨，以及整個學校教育，只能在人身上留下極少的痕跡，能夠讓他留下持久的、不可磨滅的印象，只有生活的經驗教訓，其實這種看法並不是完全正確的：沒錯，生活就好像用斧頭砍東西一樣，但是這把斧頭如果砍到了堅硬的石頭上，就會

變得很鈍；少年時期所受的教育和訓練留下的痕跡即使十分輕微，但是這些痕跡卻留在了還沒有充斥了各式各樣的印象的、比較柔和的心靈裡。如果你在一棵小樹的樹皮上刻一道細痕，那麼在這棵樹長成參天大樹之後，這道細痕就會變成一條寬大的裂痕，或者成為一個十分難看的贅疣；一隻小鳥在一棵樹的嫩枝上落一下就可能決定了這根未來的粗大而又堅實的樹枝朝哪個方向生長，但是我們認為，這種方向的實現，是需要我們精心的護理的。

　　至於說科學，從狹義的角度來說，對於那些沒有學會怎麼理解它的教誨的人們來說，永遠是啞巴，永遠是沒有用的——這一點是毋庸置疑的。我們這裡經常有人這樣說，要利用書籍來在民間傳播某種學科的有用知識。然而，對於智力有了一定發展的人意義如此重要的書籍，和自然界和生活經驗是一樣的，不僅是對於不會閱讀的人來說仍然是啞巴，對於那些看完了內容後並不擅長從死的詞義中吸取活的思想的人來說，也仍然是啞巴。我們可以確信，在童年時代沒有接受一點明智的教育的人們，在聽一個擁有淵博知識的人說話時，或者在閱讀他的著作時，要麼是完全理解不了所聽到、所讀到的東西，要麼就是加上自己個人的，往往還都是離奇古怪和荒謬絕倫的意思，而且還會常常從中去尋找證據，來證實自己頭腦中存在的那些偏見是對的，而不是去將

這些偏見消除。不，對於那些連哪怕是起碼的合理教育都沒有接受過的人而言，是不可能利用書籍來對他們進行教育的。

對於普通的老百姓而言，最具教育力量的是教會。它以自己充滿了深刻涵義的外部形狀，可以說是從其外在方面將半野蠻的人給吸引住了，從而讓其將自我意識提升到最高。它影響著人的純真感情，並一點點的觸及他的精神，但是就是在這一方面，也只有初步的、明智的教育才可以讓他具有足夠的求知欲和智力，以便不只是停留在形式上，不將形式當成了實質，並且不會只滿足於外殼，而不深入到內在核心。如果一個人的智慧始終處於沉睡不醒的狀態，他也可能虔誠的信奉道德高尚的宗教，而且可以過著問心無愧的生活，像一個多神教徒那樣。這樣，對於人民的宗教教育而言，初步的合理的教育就是人與教會之間的必不可少的媒介。這就是基督教在各國的最初的傳播者們為什麼會對創辦教會如此熱衷。他們對自己傳播的真理十分虔誠，同時對理性之光也並不害怕，而相反的卻是喚起光明，因為他們明白，處在光明當中的人們所看見的只是真理。到了後來，當西方宗教界本身的信仰減弱，而且民族宗教成為實現五花八門的、毫不相干的目的的手段時，宗教界對教育的態度就開始轉向敵對了。一個人只要知道本身是正確的，正派的，為

什麼會害怕光明呢？對於像基督教這樣的宗教而言，愚昧無知的危害是最大的，因為它會讓宗教在人的心目中變成盲目的崇拜。

不知道我們是不是已經向讀者們證實了——但是至少是我們希望可以證實，一個民族的生活方式裡無論什麼持久的改善，農村居民文明的無論什麼進步，都一定要以國民學校為基礎，因為國民學校可以在我們的農村中發展合理的初期教育，讓人們可以透過自己的視覺、聽覺還有心靈，接受人類偉大的教導者——可以是自然界、生活、科學和基督教——的教誨。

我們認為，在農村設置國民學校，不僅是對《2月19日法令》的最有必要的補充，同事還是貫徹這一法令的第一個階段；這一階段能否實現，就由這一法令所決定；另一方面，它本身也是我們的農村生活方式中所有本質的、真正的（而不僅僅是表面的）改善的必要條件。《2月19日法令》將阻礙俄國人民向前發展的最大癥結解開了；這一法令制定之後，建立農村的國民學校的問題就成了（至少我們是這麼認為的）最具有國家意義的問題。

然而，在開始從事任何一件由於某種原因所以顯得非常必要的事情之前，首先先嘗試一下，做成這件事具有多大的可能性。從理論的角度而言，人的思想是從可能性轉化為必

第二章　關於國民學校問題

要性的，然而在現實中，卻是必要性在敦促人們去尋找在我們的農村設置國民學校的可能性。

為了設置國民學校，一定要具備兩個條件：第一，一定要喚起民眾強烈的學習願望。第二，一定要具備滿足這種已經出現的強烈願望的方法。

我們的民眾中，已經產生了強烈的學習願望了嗎？對於這個問題，沒有經過實驗是不可能予以解答的，不過至少我們親眼在城市裡所看到的發生的那些現象，讓我們覺得，沉睡如此之久的這種願望，早晚會有甦醒的一天，而且將以非凡的速度和力度甦醒過來。

如果說在部分地方開設各種新學校遇到了一些障礙，那麼這種障礙絕不在有學習願望的人的缺乏。不管在哪裡，只要開設一所學校，並且打開校門，用不了幾天，學校一定能夠被學生擠滿了。如果說這種願望還沒有在我們有些邊遠地區的偏僻鄉村中表現出來，那麼毋庸置疑的是，《2月19日法令》以及隨之而制定的其他部門關於農民的那些法令，一定會在各地，迅速而有力的將人們除了自己學習外還讓子女也接受教育的強烈願望喚醒。不妨看一下這個《法令》——只要你擅長領悟這其中的言外之意，那麼你能夠在它的每一個條文中看出來，之所以必須建立國民學校，是為了讓這一法令變為真正的現實，並真正的走進民眾的生活中去；是為

了讓它所規定的權利能變成真正的權利，完全為人們的智慧和心靈所接受，從而有依法捍衛這些權利的能力和決心；是為了讓人們的智慧和心靈接受那些必然與權利同時出現的義務，從而有去執行它們的能力和決心；也是為了讓民眾自己能夠心甘情願的沿著這條道路前進。不管我們的農民是怎樣的缺乏見識，然而還是要請相信，他很容易就會清楚，為了成為一名稱職的村長或者鄉長，更好的履行某種社會職務；為了成為一名有用的村社社員；為了方便和地主、官府、行政當局打交道；為了將現在農民所處的各種關係以及善於應付這些關係弄明白 —— 就必須進行學習。請相信，《2月19日法令》將喚醒那些因為愚昧無知（在某種程度上是根據自己的實際經驗）而現在還在否定學校的良好作用的農民，促使他們願意付出最後一文錢，以便至少讓自己的子女可以一點點獲得到新法令所帶來的好處。

　　所以，我們有理由斷定，我們的農村居民的孩子們已經具備了強烈的學習願望，而且即使是最邊遠的偏僻地區的農民的孩子，至少也會馬上就產生這種願望，這已經是毫無疑問的事實了。民眾需要學校 —— 這是學校可能開設的主要基礎。現在我們來想一下，我們是否具備滿足這種需求的條件？

　　建立國民學校有兩種條件：一種是物質條件，主要就是資金。另一種是精神條件，這種的代表就是人本身，這裡就

第二章 關於國民學校問題

是指教導者，是教師。試問，民眾是不是有開設學校的資金？我們是不是能為這些學校配備上教師？

　　至於說起學校的財務方面的問題，我們不妨再說一遍我們在別的地方已經說過一次的話。開辦高品質的國民學校，這是一項最可靠的、最根本的、同時也是最有利可圖的財政業務，因為高品質的國民學校就像摩西的牧杖能從毫無知覺的碧石中汲取活命水一樣，能為人民開闢致富的泉源。它能為人民增加智力和道德方面的資金，這些資金甚至可以帶來更多的利息；如果沒有這種資金，別的任何資金就始終是死的。如果我們的人民要遠遠窮於自己能夠達到的生活水準，如果他們自己有限的積蓄用到了不會有任何效益的事情上是常事，如果我們的土地能夠提供的都不到它應該能提供的收益的十分之一，那麼這背後毫無疑問是有許多的原因，不過其中最大的原因，也是最主要的原因，就是人們的受教育程度太低。而人們每年要多支出多少錢啊，這些錢都是他們靠著艱苦的勞力工作才賺來的，這種艱苦的工作並沒有利用教育而得到減輕，他們多花了這些錢的唯一原因，就是自己的無知愚昧！是啊，人們的無知愚昧讓他們不得不付出如此昂貴的代價，以至於因為愚昧無知而只是在一年中白白花費的錢，就足夠在俄國各地開辦一批非常像樣的學校，還夠支付它們營運 20 年的經費，這一點是毫無疑問的。

不過如果說良好的初等教育是花費成效最大的資金，它可以讓別的所有資金活躍起來，那麼這裡還有一個問題：在現今，我們的人民能否承受得起花這些資金？開設良好的初等教育學校得要不少的錢；而且，即使在一個孩子的初等教育上所花的 20 ～ 30 盧布，會毫無疑問的在他的一生中得到上百倍的償還，然而在現在，我們的農民是否有支付這 20 ～ 30 盧布的能力呢？

　　現在，俄國不同地區的農民貧富懸殊非常大。對於某些地區而言，承擔幾所品質高的學校開設以及維持其日常運行的開銷，根本沒什麼困難；然而對於另外一些地區來講，這卻是個稱得上沉重的負擔；還有一些地區則根本負擔不起這樣的費用。當然，在今後很長一段時期內，某個擁有 10 戶或 20 戶人家的白俄羅斯小村莊還沒有開辦像樣學校的能力，儘管這個村莊花在小酒館裡的錢是維持一所學校所需的錢的兩倍，而且它由於愚昧無知而付給各式各樣的敲詐勒索者的錢，說不定還比應當付給一位稱職的教師的薪資多 —— 這樣的教師可能會讓它的居民們永遠擺脫形形色色的敲詐勒索者以及小酒館的那種後果極為嚴重的影響。但是如果說這樣的小村莊承擔不了一個像樣的學校的費用，那麼並不能由此得出這樣的結論：在擁有三、四百戶人家的大俄羅斯或小俄羅斯村莊裡也不應該存在這樣的學校，因為這樣的村莊在一

次喜慶活動中或者到區警察局長和縣警察局長那裡去獻一次禮所花費的錢，就要超過維持一所最好的學校一年所需的開銷了。我們過去的農奴向自己的老爺們所繳的租金是十分可觀的，十分之一就足夠維持一些擁有很好條件的學校的開銷了。那些沒有進入國庫而落入包稅人及其一大群助手口袋中的錢款的三分之一，就足夠在俄國各地開設好幾千所學校了。

和維持一所高品質的學校以及支付一名優秀教師所花的費用相比，維持一個小酒館的開銷以及支付一個酒館掌櫃的薪資要高得多。但是向稅收機關所付的稅只有這些嗎？稅務部門不斷獲得的所有這些數不清的財富是從什麼地方來的呢？是從天上掉下來的嗎，作為對對人類有益的工作的獎勵嗎？這些財富都是取之於民的。

所以，如果說民眾有維持那麼多的小酒館、酒館的掌櫃以及包稅人的開銷，並讓其富裕的能力，而卻沒有維持中、小學及其教師、大學及其教授們的開銷的錢，那是無論怎樣都是講不通的。民眾缺少的並不是錢，而是開辦學校的願望和思想。通常來說，人們可以發現，在現在民眾手裡是有很多的錢的，而且在學校事業上所花的錢以後會百倍的得到償還，他們是不會因此破產的。

但是如果說在現在人們很樂意接受免費教育，那麼這裡

就有一個問題了：他們願不願意支付教育費呢？要想估算學習可以帶來多少錢財上的收益，是需要實驗、時間以及足夠的文化水準的。這就是那些國民教育被視為是國家最重大的需求之一的國家在法律中規定了讓子女接受教育是家長的義務的原因。關於強制性教育的問題，在我們的一些書刊上曾經有一段時期提出過，但是始終沒有得到解決。讓人覺得奇怪的是，關於義務教育的思想，會招致我們一些進步雜誌這樣強烈的反對。它們看來是不喜歡「義務的和強制性的」這種字眼；他們也不明白，掩蓋在這種字眼下的是一種最自由主義的思想。義務教育所強制的並非接受教育的孩子，而是家長，因為這種義務是要求他們讓自己的子女接受教育。讓子女接受義務教育是對家長專制的最公正的限制，與此同時，也是社會對個人的最公正的要求。無論是誰，只要有子女，就應該將自己的子女培養成一個對社會有用的人，讓他們成為這個社會的出色成員。如果說一個國家的國民有負擔軍隊、行政機關、司法機關、交通運輸部門等等的費用的義務，那麼他們一樣也有讓自己的子女接受教育的義務，原因就是這也是國家的需求，它至少和國家的別的所有需求是一樣的。阻礙基佐（Guizot）在法國實行義務教育的那些原因在我們這裡是不存在的，但是假如基佐沒有遭遇那些困難，那情況就更好了：這樣一來，他所設想的很多改革措施，就不

第二章　關於國民學校問題

會只是設想了。新英格蘭各州的政府要求所有的地區都應該根據本地區的居民人數情況開設一所學校，同時要求所有家庭的家長都必須將自己的子女送往這所學校接受教育 —— 不應該指責這樣的政府強制人民。子女們為什麼要受苦，只是因為自己父母的愚昧無知？也許，將來俄國是不需要強制性的教育的。願上帝保佑！但是假如說普魯士還很需要它（在那裡不僅是有強制父母送子女到學校接受教育的法律，而且還經常動用這條法律），那麼在我們這裡，看起來也未必就馬上就會不再需要這種強制性的教育。

所以，我們認為，第一，我們的人民，像別的所有國家的人民一樣，有讓自己的子女受教育的義務，就像他們有繳納賦稅的義務一樣。第二，俄國的人民正在形成一種要讓自己的子女接受教育的強烈願望，這樣的願望讓這一義務的強制性有所緩和。第三，開設國民學校是一種最有利可圖的財政業務。最後就是第四，現在俄國人民已經有足夠的資金（最貧窮落後和人煙稀少的那些農村不算）來在各地開設一些學校，並承擔其日常維持的開銷，所以現在在我們大量的鄉村中開設一些設備齊全的國民學校的絕大部分條件都已經具備了 —— 只差一個：國民學校教師的缺乏。

國民學校的教師是文明社會最晚出現的成果之一。這一點不只是在俄國這樣，在任何地方都是如此，高等學校的教

授、學者和教導員，優秀的作家和藝術家先出現，然後才是國民教師的出現。所以，我們現在擁有數量如此之多的大學、學院、中學、中等師範學校、縣立學校和教區學校，如此情況之下，國民學校和國民教師卻很缺乏就一點都不足為奇了。這也就是即使屬於各個主管部門的學校已經很多，而我們卻還在探討開設國民學校必要性的原因，好像在俄國根本就不存在這樣的學校似的。然而這些屬於各個主管部門的學校，並不合乎德國在裴斯泰洛齊（Pestalozzi）之後所制定的關於國民學校的概念，所以它們並不是國民學校，而是出於各式各樣的目的 —— 有時往往完全跟教育方面的目的無關，而是在某種程度上為了滿足自己的某種使命 —— 而開辦的學校：這並不是可以為人民的智力、道德的發展奠定牢固基礎的學校。我們希望去教育人民是為了我們自己的目的 —— 這就是為什麼人民那樣不信任的看待我們所開設的學校。但是如果我們能從人民本身的利益出發而去教育人民，那麼人民就會改變自己對學校的看法。在我們看來，在俄國整個遼闊的疆土上沒有哪怕一所國民學校 —— 我們這樣說，並不是要責怪哪一個人，因為即使是在文明方面比我們古老得多的那些民族中，關於真正的國民學校的概念已經產生，然而即使在那些國家裡，這種概念也才剛剛開始變為現實。此外我們還斷定，我們的教育書刊不過是稍稍觸動了關於俄

國國民學校的概念，它離制定出這種概念還有很遠的路。

　　說在我們的教育書刊中完全沒有反映為搞清楚這一概念而做的嘗試是不全面的，但是要是根據這一概念的重要性、多面性和迫切性而言，所做的嘗試是極其少的。為了將這一概念搞清楚，得聽取來自社會各階層的各個方面的意見，而且所需要的積極支持，至少要不比農民問題本身低。不過當然，我們自己在這樣的短文中做出將這一問題解決的嘗試也是不可能的，我們只是想在這裡聲明，在我們看來，現如今，下面的這個問題就是最重要、最迫切的問題了：俄國的國民學校應該是什麼樣的？應當怎樣以及在什麼地方設置國民學校？在國民學校裡，應當開設哪些課程，以及應該怎樣去教這些課程？這些學校需要的教師從哪裡聘請？這些教師應該是怎樣的教師？國民學校與社會、與整體教育管理機關之間應當是怎樣的關係？等等。

　　按照在德國已經制定的現成概念從理論上來將所有的這些問題解決，儘管有其有益的一面，但整體來說，還是遠遠不夠的，因為如果有人想知道哪裡應該表現出民族性的話，那答案毫無疑問：在國民學校裡，而且有些在別的國家裡是適用的和有益的東西，在我們這裡卻可能是不適用的，甚至是有害處的，所以在解決這些問題時，俄國當前的條件是萬萬不能忽視的。

第三章
論兒童信念的培養

第三章　論兒童信念的培養

　　培養人做好精神上的準備，讓他可以襟懷坦白的與自己本身、與生活進行爭鬥 —— 看來這就是皮羅戈夫（Pirogoff）這裡理解的教育的主要目的的。不要把自己的信念、自己的思想強加於兒童，而是要將他對這些信念的渴望喚起，將他捍衛這些信念的勇氣激發出來，讓他可以免遭自己的以及他人的低劣意向的侵蝕 —— 按照我們的理解，這就是皮羅戈夫在寫自己的《生活問題》時所描繪的教育理想。但是我們想問作者一個問題：能夠這樣培養兒童嗎？這是不是意味著只發展心靈的形式，而不給予它內容呢？教育是不是不只是培養對思想的渴求，而且還應該給以思想本身？是不是不只是培養真摯的情感，而且還應該讓這些真摯的情感具有內容 ——總而言之，是不是不只是培養獲得真摯的信念的能力，還應該培養信念本身？應該培養人在精神上做好準備去進行爭鬥？這太棒了！但是我們中間的任何一個人本來都在爭鬥，但是是在為了什麼而爭鬥？用什麼樣的方式在爭鬥？為了實現怎樣的目的？我們每一個人是不是都在捍衛自己的、也許連自己都還沒怎麼弄清楚的信念？可這到底是些什麼樣的信念？

　　……我們完全認同教導者不應該強加自己的信念給學生，因為這是一種的最大的壓制，我們所能想像到的：是擁有方法眾多的成年人的理智對無能為力的、孤立無援的頭腦

的壓制⋯⋯然而在另一方面，我們也完全意識到了，如果不向孩子的心靈灌輸任何信念，那麼這顆心靈也不可能得到任何的發展。如果我們要將孩子培養成為十足的懷疑論者，那麼我們就會向他們灌輸一種最極端的信念——確認信念是不可能有的；我們就會腐蝕孩子的心靈，讓它沒有產生信念的能力；而這種產生強烈的、真誠的信念的能力，正是皮羅戈夫向教育提出的要求。於是，教育的最基本的問題將我們引向了道德哲學的最困難的問題：那種可以不損害任何真正信念的必要形式，即不損害自由的信念，應該是什麼內容？

在這個問題上，教育與哲學科學之間的密切關聯充分展現；而在我們國家中，有很多人卻固執的不想將這種關聯弄清楚。

第三章　論兒童信念的培養

第四章
勞動在心理和教育上的作用

第四章　勞動在心理和教育上的作用

　　科學已經將勞動的政治經濟意義清楚的闡明，它在自然條件與資本之間的舉足輕重的地位也早已劃定。無論在什麼地方，勞動的這種意義都可以一眼看清，對此我們無法再補充什麼了。我們只是認為，在經濟方面，勞動的地位應當在創造人類財富的另外兩個因素 —— 自然條件和資本 —— 之上，而不應該和它們平起平坐。假如自然條件的存在並不取決於勞動，而且它可以產生有益於人的財富，那麼也不應該忽視，人在揭示了自然規律並控制了自然的力量之時，就可以讓它創造出某種全新的東西；而恰恰資本就是勞動的產物，這種勞動是並不限於滿足現在的需求的。然而如果沒有勞動，那麼自然財富和充裕的資本就不只是會對人的道德和智力發展，甚至還會對他們的財產產生非常有害的影響。

　　印度群島的自然財富讓人還處在赤身裸體、野蠻無知和軟弱無力的狀態；儘管西班牙人的先天特質十分完美，然而兩個印度的珍寶卻被西班牙文明的強勁有力的萌芽給毀滅了；荷蘭漁民被驅趕到荒無人煙的淺水灘，但是他們從海浪那裡奪取了土地，從而為歐洲資本奠定了基礎。

　　現在我們還能舉出一些更加明顯的例子，它們可以將勞動在各民族生活中的意義闡釋出來。請將 100 年前的和現在的美國北方各州和南方各州進行一下比較。如果是獨立戰爭前的不久，無論是自然條件、資本還是居民的教育程度方

面，都是南方各州占據優勢，而北方移民區擁有的優勢，只是美國流放犯頑強的，甚至可以說是狂熱的勞動。運來的黑人讓南方各州的居民完全告別了個人勞動的必要性 —— 這導致了什麼樣的後果！一個小小的羅德島州的教育經費，是所有處於奴役地位的各州的教育經費的總數的兩倍！南方種植場主人的存在本身，是以破壞基督教的根本教規為基礎的，文明社會每邁出新的一步，都讓他離毀滅史近一步，這是不可遏止的。他或者成了販賣人口的捍衛者，成為無德、野蠻、愚昧、貧窮的捍衛者，並在這一非人的爭鬥中獲得勝利；或者重新開始建設自己的生活。這樣的狀況，是多麼的恐怖，多麼令人深惡痛絕啊！這就是南方各州居民富裕的自然條件、並不是由於人的勞動而累積起來的大量資本，以及以輕視勞動為表現的缺乏教養所帶來的後果。

然而非常明顯的是，在這些例子中能夠看出，個人不從事勞動，並不會因所生產的財富有所減少而影響到他個人：西班牙在加州和澳洲的開採礦場，只會讓它越陷越深。美國的種植場主人還非常富裕，奴隸制度的捍衛者們還很強大；然而教育、道德、充滿西方農場主人簡陋的住房中的那種活力，在南方各州由黑人的雙手種植的豪華的種植場中，是再也沒有的了。前不久，維吉尼亞的居民們還用自己的俠義風尚來引起遊客們的注意；而目前，這種俠義風尚已經不復存

在，取而代之的是引人注目的粗魯行為。華盛頓的同胞們在參議院中舉起手杖來代替發言；如果某種場合無法證明自己的權利，那就採用賄賂的手段或者乾脆動刀動槍。為了證明自己擁有買賣人口的權利，南方種植場主人採取了極其殘忍而又野蠻的行為。

不過還有一個例子更為合適，那就是羅馬的歷史，它顯示為了發展和維護人的尊嚴感，對人來說自由勞動本身是必不可少的。

可以回憶回憶那脫離了木犁轉而充任執政官和全權執政官職務的羅馬公民的性格，並把這種性格和圖密善（Domitian）時代羅馬的貪吃懶做者的性格進行一下比較 —— 在圖密善的那個時代，全世界都把最遙遠的國家的最精緻的產物送來了這個永恆的城市；在那個時代，不管是對羅馬的達官貴人而言，還是對衣衫襤褸的羅馬平民來說，不管做什麼事，都被視為是不體面的；在那個時代，成千上萬的奴隸不僅讓古羅馬的公民徹底不再擁有做任何事情的必要性，而且還讓他們可以不思考什麼事情的必要性，而大批的日耳曼僱傭兵又讓他們不必親自捍衛自己祖國的義務。至於這一時期的古羅馬公民的道德尊嚴感，那就更不用說了：塔西佗（Tacitus）所描繪的一些景象，甚至在現在看來也依然難以置信。奴隸們讓古羅馬公民擺脫了勞動，從而讓他們自己

成了自願的奴隸，無論是在以後或是在以前，這樣的奴隸都是歷史上從來沒有過的。但是只分析到這裡是還不夠的：在這些時期中，哪個時期古羅馬的公民比較幸福呢？是在他自己耕地、而他的妻子為他編織衣服的時候呢，還是當他只是一頓午餐就能將亞洲一些王國的全年收入吞掉，當沒有了其他人的幫助他甚至都沒法進食、思考和行走的時候呢？讓我們感到驚訝、感到不可思議的對生活的冷漠態度，就像地獄中某個駭人的怪物那樣，反映在了塔西佗所描繪的自殺的景象中。最近幾個世紀羅馬的所有生活，看起來僅僅是像昏暗的酒神節，這中間有著多少不幸和無法治癒的心靈創傷，多少奴顏卑膝、道德敗壞，多少不是靠自己的勞動而賺得的財富，多少無法帶來幸福的奢華。我們差不多可以得出這樣的結論看法：羅馬有多富裕，它就有多腐敗，也就有多不幸。

但是西方社會的現狀不是也向我們說明，財富的增長還無法帶來幸福的增長？相反的，我們不是隨時隨地能夠看到，如果一個社會還不具備以自己的道德和智力的發展抵擋住不斷湧來的財富的壓力的能力，那麼財富不僅對社會的道德，而且甚至對社會的幸福也產生直接的破壞性的影響？

如果一個人能夠發現一種每年為國家提供大量的錢財，可以去從國外為全國公民購買最奢侈的生活所需的所有物品的方法，那麼他就是在為國家幫倒忙。

第四章　勞動在心理和教育上的作用

　　如果人們找到了點金石，那麼還不會有太大的不幸：因為金子可能不再會變成錢幣。但是假如他們發現的是一個神奇的口袋，從中能夠跳出心靈所希望得到的所有物品，或者發明一種機器，能夠完全代替人的一切勞動 —— 一句話概括，如果他們能一下子獲得了技術人員和政治經濟學家們所能達到的成果，那麼人類的發展可能就此停滯不前，腐化墮落和野蠻無知就會控制了社會，社會本身也會就此瓦解；這樣，不只是人類知識的目錄中可能會將政治經濟學（如果到了那種情況，它還能有什麼用？）除去；隨著個人不再具有勞動的必要性，歷史本身發展也一定會陷入停滯。

　　前面我們分析了國家的情況，接下來我們再來看一看個別階層的情況，觀察一下它們是如何從產生到垮臺的，我們就能看見一樣的情況：無論哪個階層，只要脫離了勞動 —— 不管從事的是科學活動、商業工作，還是軍事或文職方面的國家職務 —— 這個階層就會迅速喪失自己的力量和道德，最終並將其本身具有的影響喪失殆盡；於是它會迅速蛻化變質，並就此讓位給另一個階層，而力量、道德和幸福，也會隨著勞動一起，轉移到另一個階層的人們那裡。

　　個人生活的不少例子也可以證明一樣的情況：活在世界上的人只要進行過長期的觀察，就有可能在他的記憶中找到一些創家立業和傾家蕩產的實例，他可能也思考過這樣一個

奇怪的、週期性重複出現的現象好多次了。父親 —— 一個自己為自己開闢了道路的人 —— 廢寢忘食的埋頭苦幹，好讓自己的子女不用再去從事勞動，最後終於為他們留下了足夠多的財富，但是這些財富到底為子女帶來了什麼？它們往往不只是子女變成不道德的人的根源，不只是會葬送子女的智慧和體力，甚至還會讓他們成為真正不幸的人。所以，如果將憑藉艱苦頑強的勞動為自己賺得財富的父親的幸福，和揮霍這些財富、自己不用從事任何勞動的子女的幸福進行比較，我們就會發現，父親要比他的子女幸福得多。其實，一個窮人一生都在勞動，為了讓他的子女不再需要勞動，實際上他的一生，都是在努力毀滅自己子女的道德，縮短他們的壽命，讓他們不會得到真正的幸福！他從來都不想讓子女接受具有實際意義的教育：這樣的教育有什麼用？—— 只要有錢就足夠用了！他會說：就讓那些沒錢的人去接受教育吧。他沒有想到的是，勞動和隨之而來的幸福 —— 它們會自己來找窮人；而富人則還一定要學會怎樣找到它們。

從上面的所有這些例子中我們能夠知道，人對大自然所進行的勞動，反過來又對人本身發揮著作用，這種作用不僅表現為滿足人的需求和擴大這些需求的範圍，而且還表現為人自己內在的、只有人才具有的、不以他所帶來的物質財富為轉移的力量。人的財產是由勞動所創造的物質成果構成的；

第四章　勞動在心理和教育上的作用

但是，人的尊嚴的泉源，同時也是道德和幸福的泉源，只有一個，那就是勞動帶來的生氣勃勃的內在的精神力量。唯有個人的勞動，才可以對從事勞動的人產生這種生氣勃勃的影響。勞動的物質成果可以被繼承、被收買、被剝奪，但是生氣勃勃的內在精神力量卻不可能被剝奪，同時也不能被繼承，也不能出加州的全部金子來收買：它永遠都是屬於勞動者所有的。羅馬和西班牙之所以衰退，正是因為這種勞動產生的隱形財富的缺乏，而不是什麼絲綢、天鵝絨、機器、糧食或者酒類的缺乏，現在美國的南方各州也是一樣的情況：一些階層遭到蛻化，一些家族遭到毀滅，千千萬萬的人喪失了道德和幸福。

勞動的這種意義的根源，在於它的心理基礎；不過在解釋勞動的心理規律之前，我們還應該闡釋一下我們所說的勞動到底指的是什麼，因為一些向上層社會獻殷勤的人也曾就勞動這個詞的意義進行過解釋，但是他們的解釋是歪曲的，他們打著這個莊重的、正直的、光榮的旗號，掩蓋了一些完全不莊重的、不正直的、不光彩的、不體面的行為。

我們所理解的勞動，是人的一種自由的、與基督教的道義相符合的活動；根據這一活動的絕對必要性，人們下定決心來從事勞動，好能實現生活中的這種或那種真正的人的目標。

「任何一種定義都是危險的」──羅馬人曾如是說；而我們也並沒有覺得我們所下的笨拙的定義就是完美無缺、無懈可擊的，然而我們希望這一定義將成人的有理性的勞動一方面，和牲口的工作還有棍棒逼迫下的黑人工作區分開來，另一方面，也和成年或未成年的幼稚無知的人們的消遣加以區分。機器和牲口可以工作，黑人也可以工作，但是黑人之所以在持續的工作，不過是因為害怕監工的鞭子，他並沒有指望自己的工作能帶給自己什麼好處：不自由的勞動不僅不能在精神上讓人變得崇高，它反倒會將人降低到和牲口一樣的地位。只有當一個人自己意識到了勞動的必要性，從而主動的去從事勞動的時候，勞動才有可能是自由的勞動，而被迫的、只能讓別人獲得好處的勞動，都會讓從事勞動的人的個性遭到毀壞──準確的說，是進行工作的人的個性。那些僅僅思考怎樣花費從自己的資本中所獲得的收入的資本家，是不從事勞動的。專門哄騙顧客的商人、拿別人的錢財塞滿自己口袋的官吏、絞盡腦汁的在牌戲中弄虛作假的賭棍，都是在騙人。一個富人為了舉行一場極為出色的舞會，為了在這上面將自己的朋友比下去，為了搭自己喜歡的那些象形小玩具，而弄得精疲力盡，但他這僅僅是在玩耍，而非勞動；他的這些活動跟孩子玩娃娃、象形小玩具還有小兵遊戲一樣，無論對他來說是怎樣的費力，都算不上勞動。

第四章　勞動在心理和教育上的作用

　　一個守財奴為了讓閃閃發光的金幣裝滿自己的箱子而竭盡全力的工作，他這是在做一件喪失理智的事情，也算不上勞動。還有一些這樣的紳士 —— 他們的生活已經實在沒有什麼事情可做，於是就想出一些精神和肉體上的消遣活動，比如閒聊、打撞球，或乾脆就是在街上跑步，好讓自己能夠吞下一頓豐盛的早餐，並且能在午餐的時間到來前重新獲得好胃口；但是這樣的勞動，和羅馬的那些貪食的人在進食時服下的催吐劑作用是一樣的：在對新的享樂引起一種虛假的興致的同時，它會同時損害人的心靈和肉體。勞動並非一種遊戲，也非一種消遣，它從來都是一件艱苦而又嚴肅的事情；只有充分的意識到實現生活中的這種或那種目標的必要性，才能讓人負起作為任何真正勞動的必要組成部分的那個重擔。

　　真正的勞動必然是一種自由的勞動，因為其他的勞動是不存在的，也是不可能存在的；這種勞動對於人的生活具有的意義如此重大，以至於如果沒有了這樣的勞動，人的生活就將所有價值、所有尊嚴全都喪失。它不只是對於人的發展，甚至對於維持人已經實現的尊嚴程度來說，都是必不可少的條件。不親身參加勞動，人就不可能獲得進步，即使想維持現狀也是不可能的，倒退是必然的。人的肉體、心靈還有智慧都要求勞動，而且這種要求如此迫切，以至於如果一

個人在生活中由於這樣或者那樣的原因所以不能親自參加勞動，那麼他就不可能走上真正的道路，出現在他面前的，只能是另外的兩條道路——這另外的兩條道路全是毀滅性的：一條是對生活強烈不滿、憂鬱消沉和無窮無盡的寂寞無聊；另一條則是自覺自願然而不容易察覺的自我毀滅——走上了這條道路，人會迅速墮落到追求孩童般的任性和牲畜般的滿足的地步。這兩條道路中不管走的是哪一條，人的生命都會被死亡活生生的控制，因為勞動——個人的、自由的勞動——即生活。

「你要用辛勤的勞動為自己賺來麵包」——上帝把人留在天堂的門外，並且將廣闊的土地展現在他的面前的同時，對他這樣說道。勞動完全成為人的本性——肉體的和精神的本性——的規律，也成為人在地球上的生活——不管是單獨生活，還有社會生活——的規律；它還成為讓人完善肉體、道德和智力，並獲得尊嚴、自由、快樂還有幸福的必要條件。

對於人的發育及保持體力、健康和機能而言，體力勞動都是必不可少的——這一點是不需要證明的。但是腦力勞動對於人、體力和健康的發展，對於維持人體的正常狀況的必要性，卻並不是每個人都能清楚的認識到的。相反的，還有不少人認為腦力勞動會對機體產生負面的影響——這種看法

是完全錯誤的。誠然，過度的腦力勞動是有害無益的，但是過度的體力勞動也會對機體產生負面的影響。但是我們可以舉出大量的例子，證明如果在進行體力勞動時心靈機能不發揮作用，那麼這也會對人產生負面的影響。這種現象我們在一些工廠裡已經屢見不鮮 —— 在這樣的工廠裡，做事的人是機器的附屬品，所以他們的工作幾乎任何思考活動都不需要。而且也不可能不是這樣，因為人的機體構造不僅已經適應於肉體生活，而且還適應於精神生活。相反的，任何一種腦力勞動在讓神經系統發生作用時，就可以對血液循環和消化產生良好的影響。那些已經習慣了辦公室的勞動生活的人們，和散步相比，適度的腦力勞動是更能讓身體感到胃口大開的。腦力勞動當然不能讓肌肉變大發達，但是神經系統的活動及其特別的敏銳性卻可以將這一不足彌補。如果說腦力活動不能完全讓人擺脫運動的必要性，那麼它也可以將其大大的減少。那些不從事腦力活動的人，會對坐著工作的害處有非常強烈的感覺，這在那些在工作時不用付出非常大的體力，但是卻需要坐著工作，並且幾乎不需要進行腦力活動的手藝人身上表現得尤其明顯。當成衣匠們蒼白的、蠟黃的臉色映入我們的眼簾時，我們不禁希望縫紉機能夠得到普遍的應用。

　　腦力勞動能有力的發展神經系統，而這種發展又能為人的機體帶來非凡的生命力。我們在學者們中間可以找到很多

高壽的人；而且那些習慣於腦力勞動的人在忍受氣候的變化、惡劣的空氣、食物的不足和缺乏運動等方面，並不比那些肌肉發達但神經活動軟弱無力、萎靡不振的人差，而且往往要比他們強。這就是因為神經系統對人體其他系統的活動都具有極為重要的意義，人體所有機能的活動都有神經系統參與其中。

當然，假如體力勞動與腦力勞動在人的活動中可以結合在一起，那麼這對人的健康當然是最為有益的了，但是這兩者之間就未必要實現完全的平衡。人的天性是極為靈活的，它可以適應各種不一樣的生活方式。一個人的腦力勞動在最大限度上超出體力勞動，或者反過來，這兩種情況都會迅速成為習慣，而且並不會對人的機體造成損害；只有在這方面徹底走向了極端，才會導致非常大的危害。此外，在現在的社會情況下，很難想像會出現那種能讓體力勞動與腦力勞動達到平衡的生活方式 —— 讓兩種勞動中的一種只成為休息。然而如果對於肉體而言親身參與勞動是必要的，那麼對於心靈而言，這種必要性就更加迫切了。

誰沒有體驗過勞動對情感的生氣勃勃而又令人振奮的影響？誰沒有體驗人在長時間的艱苦勞動之後、體力全部消耗殆盡，太陽似乎顯得更明亮，天空似乎顯得更晴朗，人們似乎顯得更加善良？就像因為晨曦微露，而黑夜的幻影會消失

一樣，寂寞、憂愁、任性、苛求 —— 那些遊手好閒的人們以及一些浪漫主義作品中描寫的因為無所事事而覺得強烈痛苦的主角們的一切通病 —— 不會出現在勞動過後的人們那愉快而又安詳的臉龐上。我們閱讀某一部描寫上流社會的小說，在讀到不幸的女主角 —— 那種弱不禁風而又無所事事的人 —— 因為莫名其妙的寂寞而感到煩悶的時候，我們每次都會想，如果女主角被迫去從事某項勞動，這種煩悶就會自然而然的消失得無影無蹤。小說家們尤其喜歡描寫這種遊手好閒的人，這是因為貪欲、苛求、任性和無法解釋的痛苦的全部雜草在這裡自由的滋長，而那種模糊不清的、無法承受現實之光的想像力，就在這些雜草中自由自在的馳騁。

　　然而人卻非常容易忘記，他的那些特別快樂的時刻，是用勞動換來的，所以不願意放棄這些快樂而再去勞動。他好像不知道這樣一個永恆不變的心理規律：如果快樂不伴隨著勞動，那麼它們不僅會迅速的喪失自己的價值，而且會讓人的心靈迅速的變得空虛，並且讓他身上的所有優點一個接一個的消失。勞動就彷彿是一個套在我們嚮往永久而又平靜的幸福的心靈上的籠頭，它讓我們覺得不快，但是如果這個籠頭不復存在，那麼心靈的意向就會毫無約束，所以它也就會迷失方向；而且如果這顆心靈本來是熱情而又高尚的，它就會迅速墮入一個無底的深淵，那裡充滿了永遠都無法消除的

寂寞和憂鬱消沉；如果這顆心靈本來是渺小的，它就會日復一日的、不知不覺的、悄然無息的陷入不值得人去操心的瑣事的泥坑裡，陷入動物本能的泥坑裡。

在一個人脫離勞動以後，他馬上就會有變換享樂方式的需求，而在這種需求出現時，每一個人都很容易親身體驗到上面說的這種不變的勞動規律。這種變換享樂方式的需求已經得到了證明，人是不可以只去享樂的。然而這種在心靈中抑制享樂的治標的辦法本身很快就會將自己的力量喪失。一個人變換自己享樂的方式越是頻繁，那麼其中任意的一種享樂方式能夠為他帶來的快樂就越是短暫。這種變換的頻率會越來越快，這是不可遏止的，最後就會成為某種使心靈迅速空虛的旋風。如果誰天生就只能沉湎在某一種享樂方式當中，那麼他就會淪為這種享樂方式的奴隸，並且逐漸讓自己淪落到非常屈辱的地位。雖然人們都在力求對自己的享樂方式規定某種限度和秩序，然而這必然是無濟於事的，因為儘管有限度和秩序存在，這種享樂方式還是會迅速失去自己的價值，並堅決要求改變，或者其中一種享樂方式要求加強 —— 因為它並不停留在一個程度上，於是就會將人引向心靈和肉體毀滅的深淵。比如吸鴉片、酗酒、玩紙牌、貪淫好色、沉湎於無聊的上流社會生活等習慣，都會有這樣的作用。一個人可能會被這股旋風捲走 —— 掙扎是徒勞的 ——

直到他將自己心靈中最後一點人的思想和最後一點人的情感徹底喪失。

根據這個心理規律，享樂應該和勞動相平衡，這一規律任何一種享樂都是適用的，無論這些享樂是怎樣的高尚，怎樣的崇高。就舉藝術欣賞作為例子吧：這是一種高尚的享樂，它的充分性和經常性也是用勞動換來的。只有那些將自己的一生都奉獻給了藝術創作活動的藝術家，才能經常的、充分的、心安理得的欣賞藝術作品。然而他如果脫離勞動，如果他不再對藝術創作的規律進行研究，而只是對藝術作品進行欣賞，那麼對他來說，這種享樂就會開始迅速喪失自己的力量，而且這種快樂最終就會徹底消失。如果因為煩悶而將藝術欣賞作為一種消遣，那麼這種享樂就會很快不再是一種享樂，而且還會很快的不再成為一種消遣。有些繪畫和雕塑的狂熱收藏家可能從欣賞開始，然而卻以最無聊的虛榮告終；一幅珍貴的繪畫作品，本來可以成為藝術家欣賞和研究的泉源，這個泉源是可以無窮無盡的，但是卻往往傷害了購買了它的富人的心靈。欣賞詩歌、繪畫、音樂以及雕塑作品，也許可以成為勞動之餘的消遣，或者和人的勞動產生真實的連結；然而當它們成為無聊的任性要求的對象時，它們不僅會徹底喪失其對人的發展的力量，而且還會對人的道德和智力的完善產生消極的影響。

我們再來說說更高階的享樂，也就是人的最高水準的享樂。對人的心靈最高尚的意向的滿足，以及捨己為人、熱愛人類、愛國主義等功績的建立，都不是以享樂為目的的，它們能讓人得到的不過是短暫的幸福，這種幸福會像閃耀的火花一樣，轉瞬即逝。如果一個人想要從自己高尚的功績中得到更多的東西，想要留住這迷人的火花，那麼它不只是會馬上開始黯然失色，而且還會在熄滅之後，讓臭氣四溢的虛榮和庸俗不堪的自滿情緒充滿人的心靈。而如果一個人不顧一切的強行想讓正在熄滅的快樂不消失，那麼將會得到一個更壞的結果：他可能停留在不斷欣賞自己虛假的或者甚至是真實的美德的水準上，變成一個最令人厭惡的人、一個最沒有用處的人，在道德上不可挽回的將自己給葬送了。

　　但是我們以一種最安寧同時也是最持久的享樂 —— 家庭幸福的享受 —— 作為例子，我們也能夠看到，如果沒有勞動，想得到這種享受是不可能的。

　　有這樣兩個年輕人，命運賦予了他們一切 —— 除了從事勞動的必要性，以及為生活找到勞動的可能性。這兩個人都非常漂亮，非常富有，非常善良，非常年輕，並且還非常聰明；他倆陷入了熱戀，並且熱烈的希望自己委身於對方。他們最終實現了自己的願望。他們沉浸在無以倫比的幸福之中。然而，這是一種持久的幸福嗎？可惜，它是極為短暫

的！心滿意足的激情很快就會變得淡薄，於是在享樂的同時，寂寞無聊的感覺就在不知不覺的產生了。

妻子是上帝作為丈夫的助手而創造出來的，然而如果丈夫自己什麼事情都不去做，那麼妻子應該在什麼地方來幫助他呢？這樣一來，妻子不可能完成自己的主要使命，於是婚姻的意義本身也在一點點的消失，愛情也在一點點淡薄：無論夫婦倆怎樣力求挽回，它的反應卻都越來越微弱，最後就徹底消失了；但是在人的整個漫長的一生中的每一分鐘中，心靈都在不停的要求獲得幸福和快樂。在這樣的情況下，夫婦倆都開始左顧右盼，去尋找家庭生活之外的快樂，於是他倆很快就會被上流社會的旋風刮到不同的方向。孩子出世了，但是即使母親不照顧他們，也會有別人照看他們：保姆，或者家庭教師。而父親又能夠為孩子做些什麼呢？孩子們來了，就愛撫他們一番；覺得厭煩了，就趕他們走 —— 就是這樣的。但是心靈在漫長的日子裡，年年月月，每時每刻，都不停的需要生活，需要幸福！夫婦倆都無法在配偶身上找到幸福，於是就會去別的方面去尋找：女方就講究穿著打扮，去參加各種舞會，閱讀一些可以激發尋找幸福的情緒的小說，賣弄風騷，尋找新的情感，尋找新的愛情。而男方則去參加各種酒宴或者俱樂部的活動，騎馬，玩紙牌，結交女舞伴；再往前邁一步，婚姻的神聖性就會不復存在，他們那個

來之不易的那個玫瑰花環就會被撕得粉碎，拋在地上，被丟在泥水裡踩來踩去，被永遠的遺忘。無所事事的人們因為強烈的情欲而結成的所有姻緣，就是這樣的命運。你可以在這些夫婦結婚五、六年之後再去看看他們，你簡直無法想像出來他們是因為熱烈的愛情而結合的 —— 看不見一點點愛情的痕跡了！而如果是在普通的農民家庭裡，丈夫選擇妻子的標準是只要能做事，而妻子選擇的丈夫只是他有養家糊口的能力；但是你往往會在這樣的家庭裡，找到更多的感情，夫妻之間更多的依戀之情。他們一起勞動：他們是平等的、和睦的，像套在車上的一對馬一樣，共同開出他們生活道路的犁溝；這樣，所有的口角和算計，就會因為每天都不得不進行的共同勞動而消失得不見影蹤。勞動讓他們結合在一起，它神聖的維持著互相同情的微弱火花，並且安全的引著這朵火花越過所有的口角，甚至越過夫婦之間彼此可能施向對方的惡行和罪行 —— 從教堂開始，一直引向墓地：聖經中上帝指定妻子為丈夫的助手的那種說法是充滿了如此深刻的涵義，每天我們都可以看見可以證實它是正確的的例子，所以假如我們不想成為瞎子的話，那麼就必然會深信，沒有勞動，沒有認真的、具有實際意義的勞動，家庭的幸福就僅僅是浪漫主義的空想而已。如果我們在某一部小說中讀到兩個無所事事的人彼此之間如何產生了強烈的情欲，而這種情欲後來又

如何促使他們喜結良緣，我們真的想問個問題：這以後怎麼
樣了？薩克萊（Thackeray）的一部滑稽短劇接續了華特·司各
特（Walter Scott）所描繪的景象，讓我們對艾文戈和羅文娜的
家庭生活有所了解，作家只有在對心靈有了深刻的了解，並
且敏銳的觀察了生活中處處都能遇到的一些現象之後，才寫
得出來這樣的作品。

　　但是這還不夠，如果丈夫為了獲得生活所必需的一切而
從事勞動，而妻子卻並不為他分擔勞動，而只是享受他的勞
動果實，那麼在這種情況下，也不可能存在家庭的幸福。因
為懶惰而一輩子都躺在玫瑰鋪成的床上休息的、渾似偶像的
女人，是法國小說家極其荒謬腐敗的想像力的產物。在時髦
的上流社會中十分流行的這種對女人的理解，不管是對於女
人，還是對於男人，都是帶有一定的侮辱性的。

　　這樣，在列舉只有人才得以在世界上體驗到的所有愉快
感覺的同時，我們能夠發現很多快樂，但什麼地方都找不到
幸福，因為理想中的那種不是能降低而是能提高人格的十分
完美而又無窮無盡的快樂，被人固執的稱為幸福，然而世界
上是不存在這樣的幸福的。一個人在他的一生中即使積聚了
再多的快樂，這種快樂都不會是幸福。這不過是人們執著的
追求的那個不可捉摸的幻影的翅膀上掉下的浮塵。勞動代替
了人因罪孽而失去的幸福；對於人而言，除了勞動，就沒有

別的幸福。勞動是人在世界上唯一能夠享受的幸福，也是唯一應該享受的幸福。創世主從人類歷史的開端就將這盞燈點燃了，向我們的人世生活投來了顫抖的、微弱的光；然而如果熄滅了這盞燈，那麼所有的一切就會籠罩在黑暗當中。快樂像受到燈光招引的金色的小飛蛾那樣，飛舞在這盞燈的周圍；燈燃得越亮，聚集在它周圍的小飛蛾就越多；但是如果熄滅了燈，那麼這些金色的小飛蛾就會變成凶猛的鳥兒，一瞬間就會將心靈的寶貴財富洗掠一空，讓心靈成為絕望和空虛的犧牲品。

可能讀者不禁要問，這說的都是些什麼呀？這是想要說明什麼問題？這是要宣傳遊手好閒是萬惡之源這樣一個最基本的真理嗎？但是由某一位深入的思考了人的生活的希臘智者第一次說出的這個基本的真理，難道對於我們而言，已經變成了難以理解的空洞話了嗎？從什麼地方能夠看出，我們在寫作中已經用厭了的這個基本的句子，已經作為適用於我們每個人的深刻而又永恆的真理而被我們理解了嗎？難道我們不是透過我們的所有願望中顯示，這個真理還沒有深入到我們的心靈中去，我們還沒有相信它是真理嗎？

我們中間是不是還存在非常多的這樣的人 —— 他們並沒有將財富視為是能夠什麼事情都不做的令人羨慕的特權，也沒有將勞動視為貧窮的令人苦惱而且甚至有損尊嚴的屬

性？誰不想讓自己 —— 至少是自己的孩子 —— 可以過上悠閒的生活？兒童的教育本身不是將他們中間的大部分人置於低於他們的獨立地位的地位嗎？我們見到的只是將教育視為謀取錢財手段的人還少嗎？富人們是不是將教育視為尋求勞動 —— 並非消遣，也非點綴，而是具有實際意義的勞動 —— 的手段？

教育本身如果希望人可以獲得到幸福，它就應當不是單純的培養人去謀求幸福，而是培養他準備從事生活中的勞動，無論是誰，越是富有，就越應該接受更高的教育，因為對於他而言，要找到將幸福藏在行乞的背囊中惠顧窮人的那種勞動實在困難。教育應當培養人從事勞動的習慣，培養對勞動的愛，它應當讓他可以為自己找到生活中的勞動。但是現在的教育是否是這樣的呢？

不是有很多母親努力想為自己的女兒規劃安閒的生活嗎？有的人心甘情願將自己心愛女兒的青春、美貌還有一顆火熱的心，出賣給他們十分清楚不會對她們產生任何愛情的人，以此來為她們換取過悠閒生活的權利 —— 這樣的人我們見得還少嗎？

「在這個世界上能夠看到一種弊病，」《舊約全書》中的傳道書這樣說道：「對貪財的人來說，他所收藏的財富是種禍害。」只要稍加觀察就可確信，在 19 世紀的世界上，這種弊

病還有呢。不管是針對少數人的教育，還是針對整個民族的教育，都應該和這一弊病進行爭鬥。一個人將要獲得的財富越多，他就越應當做好道德和智力發展方面的準備，好讓自己可以承受住自己財富的考驗。

我們可以注意一下一個衣衫襤褸的農民，他用髒手擦去自己疲憊不堪的臉上的汗水，他早已冒雨搬出了沉重的木犁，從一清早起，他那雙穿著樹皮鞋的雙腳就已踩遍了溼透的出地；他渾身上下都溼透了，臉上的熱汗和秋雨冰冷的雨滴混在一起，雙手因為勞累而顯得十分瘦削；他面帶愁容，滿臉皺紋，皮膚黝黑，這些皺紋和他用木犁在田地裡開出的那些犁溝真的很像 —— 這是時光悄悄刻在他臉上的特徵；他汗流浹背，滿身是泥。然而如果對他的臉部表情，對他的疲憊而沉思的眼神進行仔細觀察，那麼你就能從中找到一種飽含人的尊嚴的表情，這樣的表情，你永遠都不會在穿著熊皮大衣在自己的店鋪旁悠閒的溜達的掌櫃那張白皙而光滑的、有著像克里米亞蘋果那樣的紅暈和像緞子那樣的光澤的臉上找到。因為無所事事，這位精力旺盛的老爺在和與自己一樣已經發福的鄰居玩耍起來：那隻從那個店鋪向窗外張望的肥胖的公貓，牠的目光倒比掌櫃的更富有理性！

但是無論僅用一把木犁來為自己獲取糊口之糧的農民是多麼貧窮，無論他的勞動是多麼艱苦，也無論這種勞動獲得

第四章 勞動在心理和教育上的作用

的報酬是多麼的微薄,當他經過一天長時間的勞動回到自己的家裡時,勞動就會像這個勞動日的正在落下的太陽那樣,以金黃色或火紅色的光輝籠罩著在他的家裡那些等待他歸來的、少得可憐又非常簡陋的物品上。農民的精神生活即使十分簡單,但它還是真實存在的,而且在他的精神生活中,有很多真正的人的優點:他熱愛自己的家庭,星期天高興的點起蠟燭,在神像前進行祈禱;遇到了乞丐,就掰下自己的一片麵包分給他,或者從靴筒裡掏出裝著用艱苦勞動得來的3個銅幣的骯髒不堪的錢包。

然而你是不是認為窮人理應獲得更好的命運?如果你將一把金子拋給他,那麼他立刻就可以擺脫必要的自由勞動,這時你就能夠欣賞一下迅速發生的變化。

你看到了這個變得臃腫無比的壞蛋嗎?他那油光發亮、毫無表情的臉龐,他那因為肥胖而成了一條線的眼睛閃爍著狡黠、無恥,並且在你這位高雅的人士面前流露出低下庸俗的、阿諛奉承的眼神,都讓你認為他既像你的奴才,又像一個穿著紅襯衫的地方官,還像一個你很熟悉的旅店老闆,或者像你印象裡的那個坐在酒館櫃檯後的百萬富商,還說不定像你的某一位朋友。這就是上面說的那個農民:他變得狡猾了,與此同時,他也變得愚蠢了;他成了一個貪婪而又十分殘忍的人,做起了掠奪民眾的勾當,並且對自己過去的同行

無比的蔑視。他努力的攢著每一個戈比，雖然在他的那個包裹著鐵皮的大箱子裡已經堆了不少的銀盧布；他將自己的羽毛褥子鋪在這個大箱子上，自己就在上面睡懶覺，等待中風。他完完全全陷入了喜鵲的本能，這種本能應當被醫學列入最不可救藥的那種精神失常的名單；每一個新攢的戈比，都會在他的心靈添上一個新的缺口，讓他的內心無可挽救的陷入一種令人厭惡的病症 —— 尤維納利斯（Juvenal）描述這種病症十分恰當：「對金錢的酷愛的增長，與財富本身增長的速度一樣。」人啊，永別了！剩下的不過是一個滿是脂肪、還有吮吸金錢功能的肥大皮囊。

誰觀察過平民百姓的生活，誰就會知道，這種變化的規律是怎樣的無法避免，一個不再需要繼續親身從事體力勞動，而又沒有體驗過腦力勞動的艱苦的農民，會怎樣迅速的變得殘忍冷酷起來。他的肉體由俄羅斯的火爐，由俄羅斯的嚴寒中孕育出來的頑強天性，會繼續不斷的產生新的力量；這些力量因為沒有在勞動中消耗，就會轉化成淹沒掉他的眼睛、心臟和腦子的脂肪。

還有可能有另一種變化出現；在我們看來，這種變化絲毫沒有第一種好：一個突然變富裕的農民，如果他是比較開朗的性格，他的心靈相對高尚一些，他就可能將勞動完全放棄，開始過上所謂的吃喝玩樂的生活。在這樣的情況下，他

的身上很快就會失去人的面貌：臉上的肌肉鬆弛，臉色發青，嘴唇紅得像火，而渾濁的雙眼透露出他心靈中具有無法排解的鬱悶。

這兩種以如此明顯的形式在平凡的生活中表現出來的變化，也會出現在更高的層次——在高得多的層次中！形式不一樣，然而涵義是一樣的。

如果精神力量——可以將人的自由活動提高到比過去的勞動具有更多的精神因素的新的嚴肅勞動的那種精神力量——不是與可以滿足自己的需求和要求的那些物質材料同時增長，那麼不只是人的道德尊嚴，而且連他的幸福也要跟著他的財富增長而減弱，無論他是為原有的資本添上新的資本，還是將它們消耗在了享樂當中；也無論被他享受的東西是品質不太高的白酒或者香檳酒，是著名的芭蕾舞劇還是奧爾洛夫快步馬。只有人的精神需求和他的財富一起增長，只有物質和精神領域在他面前一起擴大，財富的增長才會對人沒有害處。這裡的重大差別在於，那些發了財的農民所需要的，是鋼琴、書籍、繪畫作品，還是美酒和精緻的呢絨；他是打算讓自己的子女接受良好的教育，還是替自己找一個情婦；激勵他去從事新的勞動的，是擴大自己社會活動範圍的願望，還是再在自己的大箱子裡添一千個盧布的願望。這就是為什麼至少在關心怎樣生產天鵝絨、精緻的呢絨和質地

良好的細紗布等這類政治經濟學方面的事務的同時，還應該對民眾的智力和道德發展加以關心，對他們的基督教教育加以關心，否則這些細紗布還有天鵝絨就並不能讓幸福增加，反而會減少。但是如果不是為了讓幸福增加，那麼所有這些工業方面的雜七雜八的東西還有什麼用呢？當然並非為了替政治經濟學家和統計學家帶來統計工廠和商品貨色數量的快樂。最近一段時期來，一些奢華的東西在所有的階層中迅速蔓延開來，並讓某些統計學家、政治經濟學家和企業家十分樂於接受，也可能極其迅速的將人們的道德和幸福吞噬掉。奢華讓工廠得以發展，而工廠又讓奢華得以進一步發展；資本家的資本越積越多，而不是資本家的卻竭盡全力，甚至債臺高築，也要讓自己在奢華方面不致被資本家甩在後面：他坐在自己天鵝絨的圈椅裡，一邊旋轉，一邊思考著，如何才能弄到一幅天鵝絨帷幔；每一個獨立的生產單位對於資本的需求在愈加增長著，但是獨立生產單位的數量卻越來越少 —— 一個大工廠將成千上萬個小工廠吞併，將一些獨立的廠主變成了按日計算報酬的工人；一個人因為肥胖而變得愚蠢，而另一個人卻因為貧窮而變得粗野；一個人為財富所葬送，而另一個人卻因為極端的貧困而成為機器；這兩者都接近動物的狀態了，而因為工業的發展而時刻不斷的造成的新的需求，又讓不滿於現實生活的人越來越大。社會經濟的發

第四章　勞動在心理和教育上的作用

展，如果不以社會的內容和形式的精神和道德發展為基礎，
那就會這樣進行。

上帝就是如此確定了在外部自然界中以及在人身上 ── 在人的肉體，心靈和智慧中 ── 所存在的自由勞動的規律。創世主在支使人去從事勞動的同時，讓勞動成為體力、道德和智力獲得發展的必要條件，並且讓人的幸福本身置於一定要受個人勞動支配的地位。在懲罰自己所創造的人進行時，創世主又在憐憫他們；在讓他們死亡時，又將新生命的種子播下了。

「去勞動吧！」── 他和人說，而這句話恰恰人的墮落天性的全部不足和他的人世生活的所有優點表現了出來。勞動成了大地之子的特徵，他墮落的象徵和獲得進一步完善的指標，他虛弱無力的證據和力量的保證還有大自然套在他身上的鎖鏈，同時也成為人手中用來將肆虐的大自然制服的籠頭，他受奴役的印記和自由的標記；生活和幸福本身都成了勞動，但是只有在勞動中，人才既找到了生活，又獲得了唯一讓他受之無愧的幸福。

我們不準備在這裡將從勞動的這種心理意義中產生的所有結果一一指出 ── 它們是數不勝數的；我們只是想說一下和教育事業有直接關係的那些結果。

我們這個時代越來越明顯的重商主義傾向，不僅深入到了所有的社會階層，深入到所有的生活領域當中，科學和教育領域也不例外。所謂的「古代經典文獻」，也就是哲學學科和歷史學科，已經明顯的為一些工業學科所取代，這些工業學科的目的在於喚醒人的物質需求，並尋找可以讓這些需求得到滿足的方法。前不久還在歐洲的智力教育中發揮十分重要作用的哲學，現在已經退居次要的位置，即已經將位置讓給唯物主義者的不成體統的學說了。這些唯物主義者竭力想要建立一個體系，這個體系可以讓那些因為繁忙的工業事務而忘了自己還有心靈的人從中獲得安寧。在將自己的優點完全失去之後，科學就努力迎合生活，由此成為工業的奴隸；而在過去的時候，科學拋給工業的，不過是自己豐盛餐桌上的一丁點碎屑而已。然而如果說工業可以對科學發揮引導的作用，那麼工業自己又將沿著誰的足跡前進呢？它將把人引向什麼地方？

　　難道只有在乘著輪船或火車迅速遷移時，在透過電報一瞬間就可以接到天氣預報和商品價格的資訊時，在磨損盡可能多的最厚的花呢和最精緻的天鵝絨的情況下，在吸掉數不勝數的芳香誘人的雪茄、吃掉數不勝數的發出臭味的乳酪之後，人才可以最終見到自己人世生活的使命？當然並非如此。如果可以讓一個人享受到一切這些福利，那麼你就會發

現 —— 他不僅不會成為一個更好的人，而且甚至也不會變成一個更幸福的人；他將會是這樣的下場：要麼覺得生活本身是個累贅，要麼迅速降低到與畜類雷同的地步 —— 兩者肯定要有一樣。這是一條道德上的公理，無論誰都無法擺脫的。人的本質的核心，他的永生的精神，需要另一種養料；如果這種養料得不到，那麼它就會要麼變得極為貧乏，要麼徹底離開了人。一方面，只有用人心去解決世界上的所有問題的宗教，另一方面，也只有在最高的、無私的哲學意義上的科學，才可以在人世間為人的永生的精神找到養料。正是這個原因，無論哪所學校，如果將救世主的「不要僅僅為了麵包而活」的格言忘記了，而只是教人怎麼樣去追求物質生活 —— 無論這種生活是多麼的講究，也無論為了可以過上這種生活需要獲得多少知識 —— 它都沒有完成自己使命的可能：它並非引導人怎樣走向生活，而是從一開始就將人引入歧途。無論哪所學校，首先應該使人見到自己身上所具有的最寶貴的東西，讓他認清楚自己是永生的事物中的一個微粒，是人類在世界上獲得精神發展的生氣勃勃的工具。如果不能做到這一點，那麼所有實際知識 —— 即使人對這些知識的研究已經達到了極其詳盡的、極其精確的程度 —— 都不僅不能對人本身帶來任何益處，還會相反的為他帶來明顯的害處；即使這些知識可以讓人成為社會結構中有益的機器，

然而它們往往也存在讓人成為社會結構中極其有害的機器的可能。

　　對於教育學而言，產生於勞動的心理意義中的另一個同等重要的結果，在於這樣一條規則：教育除了應當發展人的理智，傳授給他一定範圍的知識，還應該讓他燃起強烈的從事嚴肅勞動的渴望，因為如果缺少了這種強烈的願望，他的生活就既不可能有意義，也沒有可能幸福。對勞動的需求，就像我們已經見到的那樣，是人與生俱來的；但是這種需求能夠變得異常強烈，也能夠越來越弱，這就要看客觀情況是怎樣的，而且尤其要看人在兒童和少年時期受到的影響是什麼樣的。

　　為了讓人能夠真心實意的愛上嚴肅的勞動，應該首先培養他嚴肅的生活態度。有的教師打算為孩子們將科學這顆苦藥丸外表塗上一層金黃色，於是就讓教學甚至全部的教育工作帶有一些詼諧色彩，但是我無法想像，還有更違反真正的教育目的的做法了。近年來，所謂知識界中的幾乎所有階層的談吐本來就都被詼諧的色彩控制了；在客廳裡，甚至是在友愛的家庭小圈子當中，嚴肅認真的談話本來也已基本成為不可能的，或者至少是成為某種古怪的、不怎麼體面的東西了。那些有學問的人們或者自認為有學問的人們，都在竭力用十分詼諧的口氣談論著最為嚴肅的束西，他們交談的話題

也一定是十分微不足道的東西 —— 某種新的服裝樣式或者某些玩紙牌時發生的事情，在社交場合也不可能進行嚴肅的談論這些事情。不只是嚴肅的談話，甚至是關於生活的嚴肅認真的見解，都被視為是不夠體面的，所以一個人在遇到另一個人時，第一反應就是要竭力裝出詼諧的樣子。還沒有離開課桌椅的上流社會的年輕人或者接近上流社會的年輕人，好像對認真的談論他們受到了一些什麼樣的教育十分害怕；他們談話時模仿成年人的腔調，而且覺得關於自己的老師還有自己所學的科目並沒有什麼好談的，他們唯一允許自己談論的，就是那些和菸捲和手套有關的類似話題。

我們並沒有打算深究在社交場合這種對詼諧的這種追求是怎麼樣產生的：是因為長期以來在我們的社會生活中缺乏各類嚴肅認真的需求呢，還是因為至今還在培養我們的上層社會巨擘的法國教育影響了我們，或者甚至在某種程度上是因為文學界普遍有的一種過於粗俗的幽默傾向 —— 我們不過是想說明一點：這種影響力非常大的講究詼諧的風氣不僅無法維持社會關係，而且具有極大的破壞作用 —— 讓社會上所有合理的內容消失。

合理的教育應該和社會的這種令人遺憾的傾向進行爭鬥，還要讓年輕人對生活真正具有嚴肅的觀點。只有教育 7 歲以下的幼兒，才可以採用遊戲的方法，而這以後的教學，

都應該顯示出來教育應有的嚴肅風格。那種過於苛求、過於嚴峻的態度我們不去談論，然而就算是過去的那種過於苛求的、令人討厭的傲慢態度所導致的危害，也小於被扭曲了的、自我嘲弄的流行教育學所帶來的危害。現在，往往有人擔心科學的嚴肅的神色會嚇到了孩子，然而孩子會學會輕視科學，甚至有點鄙視科學才是他們更應該加以擔心的。膽量會隨著時間的推移而產生，但是如果在兒童的心靈中播下了輕視科學的種子，卻會導致極為嚴重的後果。有的年輕人還沒有學習多長時間，卻已經學會了輕視學習；他們對在學習中所受到的教導加以嘲笑，而只聽取上流社會的教導 —— 這樣的年輕人我們不是隨處可見嗎？這一切到底是如何產生的呢？誠然，教師對自己所教的科目應該用嚴肅認真的眼光看待，並用嚴肅認真的態度談論，而且在著手進行自己的工作時應該對它的重要意義有一個充分的意識；不過只是做到這一點還遠遠不夠，還應該讓學校的校長、家長本身以及孩子周圍所有的成年人，都能對孩子在教師的幫助下為經歷人類所經歷過的偉大道路而做出的努力表示尊重。

應該像害怕火、害怕毒藥一樣，害怕孩子的內心深處會出現這樣一種想法：他學習只是為了想方設法哄騙自己的主考人，只是為了謀得官職；而科學不過是一張進入社會生活大門的入場券，只要守門人讓你進了大廳，就應該把這張入

第四章　勞動在心理和教育上的作用

場券放在口袋裡或者扔掉，忘掉就行了，因為進入大廳的人就算沒有票，或者拿的是偽造的票券或者別人的票券，都能以同樣的高傲態度去觀看。然而請讀者們坦率的承認，在生活中，你們有沒有遇到過對學習的這種觀點？

在進行學習和接受教育的年齡階段，學習和教育應該成為人的生活中的主要興趣，然而為了實現這一點，應該讓受教育的人置身於良好的環境之中。如果兒童或年輕人周圍的整個環境都在誘使他擺脫學習，將他拉向徹底相反的一面，那麼教師為啟發他重視學習而做的所有努力，都將是白費力氣。

在所有富有的、屬於上流社會的家庭中，教育常常收效甚微，也正是因為這個——在那些家庭裡，孩子從乏味枯燥的教室中脫身後，就匆忙的準備參加兒童舞會或者家庭戲劇表演；一些過早的控制了他的少年之心的有趣得多的事情在那裡等待著他，他或者還會去爸爸的書房——大人們正在那裡一本正經的聊著新的騎馬遊戲；在那裡，放在原處的語法書和歷史書，就像是放在豪華客廳裡的乞丐草鞋一樣不合適。教師在這樣的家庭中的遭遇是非常不幸的：即使沒有對他公然嘲諷，但至少也會非常的不尊重他，而且儘管彬彬有禮的假象將這種不尊重給掩蓋住了，但是孩子們遲早還是會發現它的，所以他們也就很快就會清楚，學業還有教師其實不過是為了孩子們而存在的，而對於大人們而言卻有某些更

好的東西。不過在一些普通的家庭裡，教育卻在無比順利的進行著，因為這樣的家庭的家長們將教育視為光明，他們為自己喪失了受教育的機會而感到遺憾，所以就希望讓自己的子女接受教育。然而這樣的家庭為數不多：將教育視為謀取職務和物色有錢的未婚夫的手段，視為走上社會舞臺的通行證的屢見不鮮。

然而，教育不僅應當啟發學生尊重勞動，並且熱愛勞動，還應當培養學生養成勞動的習慣，因為嚴肅的、具有實際意義的勞動通常都是十分艱苦的。可以採用多種方式來培養學生的勞動習慣，我們下面就列舉其中的幾種方式。

無論哪門學科的教學，都要透過這樣的方式進行：要讓學生所承擔的勞動量，剛好是年輕人的力量可以勝任的。醫生醫治病人，其實只是在為他的自然機體提供幫助；同樣，教師也只是應該在學生掌握這門或那門學科方面，為他與困難進行爭鬥提供幫助；並非去教他，而只是去為他的學習提供幫助。這種輔助式的教學方法一個最主要的優點，就是它在培養學生養成從事腦力勞動的習慣的同時，既能夠培養學生養成克服勞動中遇到困難的習慣，又能夠養成感受由這種勞動帶來的喜悅的習慣。對於人而言，腦力勞動未必不是一種最艱苦的勞動。幻想是輕鬆而又愉快的事，但是思考——卻是十分費力的。不只是在兒童身上，在成年人身上我們也

總會發現一種懶於思考的習性。小孩子寧願從事體力類的工作一整天，或者坐在那裡看同一頁書，並機械的背誦它，這樣就可以一連幾小時不動腦筋，也不願意認真嚴肅的思考幾分鐘。不僅是這樣，對一個不習慣腦力勞動的人而言，即使和強度最大的體力勞動相比，認真的腦力勞動也是更容易讓他感到疲勞的。可以用身體的活動及其力量（對於節約體力而言，這種力量付出了很高的代價）的恢復的生理規律來解釋這種現象，然而如果說在腦力勞動中並不怎麼需要過分的消耗人的力量，那麼也務必要讓它們不至於減弱下去，務必要讓它們習慣於這種勞動。人的機體應當逐步的、有節制的養成對從事腦力勞動的習慣。這樣做，就可以讓它養成輕鬆的、對健康沒有任何損害的堅持住長時間的腦力勞動的習慣。養成了從事腦力勞動的習慣，對這種勞動的愛，或者說得更準確點，對這種勞動的渴求也就能培養起來了。一個人如果已經習慣了腦力勞動，那麼在不從事這種勞動時都會覺得苦悶，就會主動去尋找它，而且確定無疑的一點是，他可以時時處處找到它。

　　在這方面，學生的休息是可以進行極其有益的利用的。腦力勞動之後的休息，也不意味著什麼都不做，而是意味著要換一件別的事來做：比如在腦力勞動後從事一下體力勞動，這種休息不僅是愉快的，而且還是有益的。德國的一些寄宿

學校對這樣利用休息所帶來的益處的理解就非常正確 —— 在這些學校裡，在課餘時間裡，學生們十分樂意做一些專門安排的事情，比如處理內務、整理教室、整理花園或菜園、裝訂書籍、學習木工或車工的手藝等等。這些活動不應該和學生任何正當的愛好相衝突，只有做到了這點，活動才可以成為真正的並且有好處的休息。當然，根據年齡的不一致，也應該給予遊戲的時間，不過為了讓遊戲可以成為真正的遊戲，就應當注意，千萬不能讓孩子玩過了頭，並且還要讓他逐漸養成為了工作，即使不強迫，也可以毫無困難的停止遊戲的習慣。最重要的一點是，一定不能讓學生養成奴才般的打發時間的習慣 —— 手裡沒有什麼事可做，腦袋裡沒有什麼事可想；因為人的頭腦、心靈和道德都會在這種時候受到損害。而在很多寄宿公共學校中，這樣的打發時間的現象是十分普遍的；在不少家庭也是這樣，在做完功課後，兒童和年輕人實在不知道自己應該做些什麼，於是就一點點的養成了消磨時間的習慣。這種養成於少年時代的習慣，以後又在社會當中得到了豐富的補給，因為社會也在千方百計、齊心協力的為怎樣才能更好的消磨時間而操心，彷彿人擁有了實在太多太多的時間！

但是不只是課餘時間裡，即使是在課堂上，學生們往往也可以學著消磨時間。教師在上面講解著新課程，而學生清

第四章 勞動在心理和教育上的作用

楚新課程的內容能夠在書本裡找到，於是就只是眼睛看著教師，而實際上他所講的內容一句都沒有聽進去。一個教師同樣的內容已經是第二十遍講解了，他自然而然的已經不可能還帶著那種吸引學生注意力的振奮精神講解了，而與此同時，他也沒有什麼方法可以幫助他感受到並維持這種注意力。他所關心的，只是讓自己的大部分學生可以將他教的學科掌握好，而透過什麼樣的途徑來掌握 —— 這對他而言是根本不要緊的。在第二天，教師向一、兩個，兩、三個學生提問功課，而別的學生在這個時候卻都覺得自己根本沒有什麼事情可做。有的僥倖的孩子就這樣將整個一禮拜裡大部分的日子度過了，就此養成了一連幾小時什麼事都不想，什麼事都不做的習慣，這是一個極其不良好的習慣。只有在大學裡才能指望自己對所學的課程感興趣，並且津津有味的講述它（就算是在大學裡，這一點也並非總可以做到），而在中學和小學裡，期望學生自己醉心於所學的課程是不太可能的，但是應該有一種辦法，讓教師使自己所有學生的注意力都處在興奮的狀態。這不管是對教師，還是對學生而言，都是非常難以實現的，對此我們並不否認，但是最好可以將上課的時間縮減一半。在不久以後，我們就將盡力闡述幾種在課堂上吸引學生注意力的方式，不過在這裡我們僅僅是想說明，每一位教師都不應該忘記，他的最主要的職責，在於培養學生

習慣於從事腦力勞動，而且這一職責的意義，甚至要高於傳授學科知識本身。

所以，教育應當不遺餘力的努力，一方面創造學生在世界上找到有益的勞動的條件，另一方面還要激發他主動的、孜孜不倦的渴求勞動。一個學生將來的生活越富裕，他就越不會預見自己會由於迫不得已而感到自己對勞動的迫切需求，他也就越應該擴大自己對世界的見識，因為對於任何一個了解了人的生活目的，並且知道了同情人類的需求的人而言，都可以在這個世界上找到有益的、非常令人尊重的勞動。一個人越是富裕，就越應該接受更高的教育，而且他接受的這種教育，也更多的應是精神和哲理這方面的教育，以便讓他可以為自己找到合意而又合適的勞動。而對一個貧窮的人而言，勞動會自己找上他的：只要他願意去完成它就可以了。

勞動的機會和對勞動的愛 —— 這是窮人和富人都可以為自己子女留下的最好的遺產。

無疑，勞動是個重擔，但是如果沒有這個重擔，人的尊嚴就不可能和幸福結合，而這原本是可以實現的 —— 任何人想要獲得只有從事勞動和肩負重擔的人才有希望享受的安寧平靜的生活，那麼他就應該去主動承受這個重擔。

第四章　勞動在心理和教育上的作用

第五章
論習慣的培養

第五章　論習慣的培養

　　我們之所以這麼詳盡的探討習慣，是因為我們認為對於教育者而言，我們天性中的這一現象極其重要。教育如果能夠充分的弄懂習慣和熟巧的重要性，並且以習慣和熟巧為基礎來建築自己的大廈，那麼它就會將這座大廈建築得牢固無比。唯有習慣，才可以為教育者創造條件，將他自己某種原則灌輸到學生的性格中去，灌輸到他的神經系統還有天性中去。有句老話這樣說的，習慣就是第二天性，這句話也是有一定的道理的；不過我們還要補充一句，即這裡所指的天性，應該是服從於教育藝術的天性。如果教育者擅長控制習慣，那麼習慣就會為他創造在自己的工作中持續獲得進步的條件，讓他不至於多次重新開始建築自己的大廈，而是將學生的意識和意志集中在獲得新的、對他有好處的原則之上，因為原本的一些原則已經不再讓他覺得困難，已經成為了他的天性 —— 他的無意識的習慣，或者是半無意識的習慣。總而言之，習慣可以說是教育力量的基礎，還是教育活動的槓桿。

　　不只是在性格的培養方面，而且在智慧教育以及用必要的知識來充實人的頭腦方面，習慣的神經力量（僅僅是以另一種形式 —— 熟巧的形式出現）的意義都十分重要。毫無疑問，任何一個曾經教過兒童閱讀、書寫還有科學原理的人都發現了，在進行這樣的教學時，學生從練習中所獲得並且

以反射的、無意識的或者半無意識的動作的形式在他的神經系統中逐漸扎下根來的熟巧，會發揮多麼重要的作用。熟巧的重要意義在進行閱讀和書寫的教學時會自然而然的顯現出來。在這種情況下，你就會不斷發現，從孩子理解什麼東西該怎樣去做（該怎樣發音，或者該怎樣寫）起，到他可以輕鬆而又出色的完成這件事情，需要的時間很長；你同時還會發現，如果不斷的練習同一件事情上，那麼這件事情就會逐漸不再具有自覺和自由的性質，而半無意識或者完全無意識的反射的性質開始顯現，從而讓孩子的意識力量可以在其他的、更為重要的精神過程中使用。當孩子還得辨認用某個字母表示的某個音該怎麼發，並且還要思考怎樣將這些音連起來發時，他就沒法做到同時將自己的注意力集中到所閱讀的資料的內容上。同樣的道理，當孩子開始學習寫字，思考每一個字母怎樣描繪，自己的意志就都在教師所要求的手的不習慣的動作上耗費了的時候，他也沒法將自己的注意力和意志集中到所抄寫的資料的內容上，集中到意思的關聯還有書寫規則中等等。對於孩子來說，只有在閱讀和書寫已經成為機械式的習慣動作，成為無意識的反射以後 —— 只有到了那個時候，孩子一點點擺脫出來的意識和意志的力量，才可以用在獲得新的、更高階的知識以及熟巧中。正因為這一點，最新的教育學雖然對之前那種只是為了培養兒童無意識的熟

巧，而絲毫沒有觸及其智力的經院式的教授閱讀和書寫的方法表示反對，然而它在某種程度上所陷入的那個極端也是不正確的。在閱讀和書寫的教學過程中，當然一定要發展智力活動；但是同時也無論怎樣也不應該忘記，初期教學的目的，還是將閱讀和書寫的活動轉變為無意識的熟巧，以便可以讓兒童掌握了這種熟巧後，可以將自己有意識的心靈力量擺脫出來，用在別的更高階的活動當中。在這個方面，就像在教育學的別的各個方面一樣，真理處在不偏不倚之中：閱讀和書寫的教學不應該只是機械式的，但是與此同時，無論如何也不應該忽視機械式的閱讀和書寫。要使合理的閱讀和書寫教學可以盡量讓孩子獲得發展，但是與此同時，還要讓閱讀和書寫的過程本身可以透過練習的方式，逐漸成為無意識的、不隨意的熟巧，從而讓孩子的意識和意志從中擺脫出來，用在別的更高階的活動裡。

　　甚至是在掌握數學這門最自覺的學科的過程中，熟巧也發揮了極大的作用。當然，數學教師首先應當關心的是，讓學生充分的理解所有的數學運算方法，隨後他應當關心的，則是要利用這種頻繁的運算練習，讓它成為學生的半自覺的熟巧，從而讓他面對解高等代數的習題時，不至於再在回憶初等算術的運算方法上耗費了自己的意識和意志。一個學生在解方程式的時候，還要在思考乘法表，是非常愚蠢的做

法，儘管乘法表當然也是不應當機械的學習的。這就是在清楚的理解了某種數學運算方式後，必須馬上大量的練習這一運算方法的原因，就是為了將這種運算變成半自覺的熟巧，並盡可能的讓學生的意識擺脫出來，用在新的、更為複雜的數學複合運算當中。

我們可以從對習慣的有機特性的清楚理解中引申出很多的教育規則，光是這些規則，就足夠編成一部相當厚的書了。如果正確的理解了習慣，並且考慮這一情況（這樣的情況非常多）非常成熟，那麼這些規則就可以很容易的、自然而然的引申出來，因此我們在這裡只是簡單的說一下，能夠透過哪些方式讓習慣扎根，又能夠透過哪些方式將習慣根除。

根據上面所說的這些，透過某一種活動的重複 —— 一直重複到在這一活動中開始展現出神經系統的反射能力，重複到神經系統中已經形成對這一活動的趨向 —— 習慣才算是扎根了。所以，反覆多次的進行某項活動，是形成習慣的必要條件。這種重複的次數，尤其在一開始的時候，要盡可能的多，不過同時還要注意到神經系統的一個特點：既會疲勞，同時也能恢復自己的力量。如果活動重複得太頻繁了，以致神經的力量沒有充足的時間恢復如初，那麼這只能刺激到神經系統，而無法形成習慣。活動的週期性，是習慣形成極其重要的條件之一，因為在神經系統的所有活動中都可以很明

顯的看到這種週期性的表現。在這方面，合理的分配學生的
作業和一天的時間的意義就非常重要了。我們自己也可以在
自己身上發現，一天中的某一個時刻會怎樣引起我們正是在
這個時刻所形成的無意識的習慣。

如果我們總在學習某門課程，而且學習非常長的時間，
我們好像就會不耐煩了，不想再學下去了，似乎會就此停
滯，不會再有進展；但是如果丟下它一段時間後，再拿起來
學一學，就會發現自己已經獲得了相當大的進步 —— 我們
會發現，原本好像還沒有牢固掌握的東西，實際已經牢固的
掌握了，原本好像非常模糊的東西，現在已經變得非常清楚
了，原本覺得非常困難的東西，已經變得十分容易了。因為
神經系統具有的這種特性，就一定要在教學活動中安排一定
的休息時間，一定要有假期。但是新的學習時期，一定要以
複習學過的東西開頭，因為只有經過複習，學生才能徹底將
之前學過的東西掌握，並感到在自己身上產生了可以繼續學
習下去的力量。

從習慣的特性中能夠自然而然的得出這個結論：牢固的
建立習慣是需要時間的，就像播種在田裡的種子生長也需要
時間一樣，所以如果教育者急於求成，那麼他就可能反倒根
本建立不起來。

無論哪種牢固的習慣的建立過程，都是需要消耗力量

的，所以如果我們在同一時間裡建立好多個牢固的習慣和熟巧，那麼我們就可能要自己影響自己了；比如學習外語的過程中，熟巧的作用很重要，然而假如我們同時教學生幾門外語，那麼我們就是自己在阻礙學生的成功了。當然，進行語言的比較研究，可以為智力的發展帶來極大的好處，然而如果我們想要的不只是智力的發展，而是真正的掌握一門語言，還有培養實際的熟巧，那麼我們就應該在一門外語掌握之後，而去學另外一門，而且要先拿第一門外語和我們的母語進行比較，然後才能將第二門外語和我們之前已經獲得了較高熟巧的那門外語進行比較。在我們的中學當中，外語學習成績不佳的最主要的原因有兩個，一個是讓學生同時學習幾門外語，甚至在這之前連母語還沒有學好呢；一個是安排各門外語的課程時間都一樣，所以學習每門外語的學時都不多，兩次課中間要隔上三、四天。如果我們可以將我們的中學裡為學習各門外語的學時數安排分配得更合理一些，第一門外語學完再學第二門，而且每天都要進行學習，以防忘記──總而言之，如果我們在為外語的學習分配時間時，能夠將熟巧形成過程中的器官和神經的特性考慮進來，那麼在我們所擁有的同樣的設備條件下，我們的學生就會獲得更大的成績。然而現在我們卻在用一種熟巧去破壞另一種熟巧，並且同時在追好多隻兔子。

第五章　論習慣的培養

這一點是不用說的，我們在學生身上牢固的培養起來的習慣還有熟巧，不僅應該是對學生有益的，而且還應當是他們所必需，好讓他們在具有某種習慣或熟巧之後可以利用它們，而不是不得不將它們作為不需要的東西而丟棄。比如如果高年級教師毫不在意低年級教師在學生身上牢固的培養起來的習慣或熟巧，還更糟糕的用一些新的、與之相對立的習慣和熟巧去將其根除，那麼就沒有培養起堅強的性格的可能，有的只能讓它們受到損害。正因為如此，在一部分學校當中裡，教高年級的時候沒有注意學生在低年級時做了些什麼，而且大量的教養員和教師之間，沒有形成任何共同的教育傾向和教育傳統密切的連結 —— 這樣的學校是無法具有任何教育力量的；正因為如此，那種根本沒有明顯的特點和深刻的傳統的教育是無法培養出堅強的性格的，指望那些性格軟弱而又不穩定、思想和行為又總在變化的教育者培養出性格堅強的學生是永遠都不可能的。此外，也正因為如此，在沒有特別迫切的需求去採取新的教育措施的情況下，有時候繼續採取原來的教育措施，倒是要比另做十套要好一些。

如果我們想要在學生身上牢固的培養起某種習慣，或者是某些新的熟巧，那麼我們也就是想要讓他能夠形成某種行為方式。我們應當周密的思考這種行為方式，並將其用簡單明瞭而又盡可能簡明的規則表達出來，然後要求學生予以堅

定不移的執行。但是在同一段時間內，應當盡可能少的制定一些規則，好容易學生執行，也容易教育者對執行情況進行監督。不應該制定那種無法監督其執行情況的規則，這是因為有時違反一項規則，會導致違反別的各項規則。我們的天性不只是能獲得習慣，而且還可以產生獲得習慣的傾向，所以要是一種習慣能夠得以牢固的建立，那麼它就可以為建立別的同類的習慣創造條件。一開始應該讓孩子習慣於服從兩、三項容易實現的要求，別因為要求太多還有難度太大而讓他的獨立性受到限制；這樣，你才會可以確信，孩子會更容易服從你新的決定。如果一下子就拿出大量的規則來要求孩子，那麼你就是在逼著他違反這些規則中間的一個，所以你想讓他養成的習慣也就無法在他身上徹底的扎根，於是你就會將這一偉大的教育力量的幫助丟掉 —— 如果真的是這樣，那就是你自己的錯誤了。

在牢固習慣的形成過程中，無論什麼事物，其作用都不可能與榜樣的力量相比，所以如果兒童周圍的生活本身是雜亂無章的，那麼想讓他們形成某些穩固而有益的習慣就是不可能的。在學校裡，初次確定某些規則不太容易；但是一旦將它們在學校中牢固的建立起來，那麼那些新入學的兒童見到大家都在堅定不移的遵守某種規則，他也就不會反對，相反的還會迅速養成對他有益的習慣。從這一點能夠看出，教

第五章　論習慣的培養

育者的頻繁更換，會對教育產生多麼有害的影響，尤其是在不可能指望他們在自己的工作中將遵循同樣一些規則的情況下，更是這樣。

只有像在英國那樣，教育者不得不服從與教育方面的社會輿論，還有他自己在受教育時所接受的傳統（即對於每一個英國學校而言，或者至少是對於這些學校中的一個全年級而言是共同的傳統）十分對立的東西的情況下，才可能指望每一位教育者都遵循同樣的一些規則。不只是在英國的學校裡，在國外任何一所學校裡，只要仔細的觀察，都能夠發現一些沿襲自學校還是信奉天主教的西方世界共同的宗教機構的時代、宗教改革的時代、第一批學校事業改革者出現的時代留下來的規則和方法。總而言之，西方的學校完全是公共的，它是歷史的產物。這種歷史性將教育力量賦予學校，無論教育者更不更換。另外，如果教育者們本身是從同一所師範學校裡培養出來，並且這所學校在淵源不斷的培養出教育者，那麼也可以對他們在教育方向上的一致性有所指望。德國的所謂中等師範學校就有這種作用，但是如果教育者缺乏某些方面的素養 —— 既沒有接受過歷史方面的訓練，又沒有接受過專業方面的訓練；如果教育者們會更換，而且還是頻繁的更換，以致同一個學校裡的每一個教育者都在使用自己的新方法，那麼在這樣的學校裡，甚至在某個國家的所有

學校裡，都沒有形成教育力量的可能；它們進行某些教學活動是可能的，但進行什麼教育活動是無論如何都不可能的了 —— 這就沒有什麼無法理解的了。

　　教育者不只是經常有必要讓一些習慣牢固的扎下根來，而且也有必要經常去將一些已經形成的習慣根除。後者要難於前者，所以它需要更為周密的思考，同時也需要更大的耐心。按照習慣本身的特性來看，它的根除要麼是因為缺乏養料，即這一習慣所引起的那些活動不再進行；要麼是因為形成了另一種與之對立的習慣。考慮到兒童生來就有持續活動的需求，如果想要將一些習慣根除，就應當一起採用上面的兩種方法，即應當盡可能將由不良習慣而引起的活動的任何緣由排除，同時再將兒童的活動引向另一個方面。如果我們在根除孩子的某一種習慣的同時沒有向他提供新的活動，那麼他就會自然而然的按照舊的習慣活動。

　　在兒童的正當活動始終占據支配位置的學校裡，不少不良的習慣會自己減弱甚至消失；而在那些奉行兵營式制度、只是表面上秩序井然的學校當中，不良習慣會在這種秩序的掩蓋之下迅速發展並且增多，因為這種秩序既無法吸引，也無法激發兒童的內心生活。

　　在想要將某種習慣根除時，應當弄明白這種習慣是怎樣產生的，然後再採取行動去將它產生的原因，而不是它產生

的後果排除。比如孩子身上滋生了說謊的習慣，是因為過分的溺愛他，因為對他身上已經養成的自尊心、自我誇耀和自我欣賞的願望和言行，給予了不應有的賞識——在這樣的情況下，就應該將事情安排得能讓孩子不想自吹自擂，或者讓人們不再相信他的謊言，還感到可笑，而不是驚訝，諸如此類。如果說孩子之所以養成說謊的習慣，是因為過於嚴厲的對待他，那就應當用溫和的態度來對付這一習慣，他出現了一些過失，也盡可能減輕懲罰，而只是對說謊給予重罰。

有的教育者對習慣所固有的特性不了解——它是逐漸的發展起來，也是逐漸的消失的——所以想要根除某種習慣的他們往往會採取急於求成的做法，這種做法可能引起學生對這種強制他違背自己天性的教育者的憎恨，讓學生成為詭計多端、城府很深、不說真話的人，並且讓習慣本身成為一種癖好。正因為如此，教育者常常裝著彷彿沒有發現什麼壞習慣，指望新的生活和新的行為方式可以一點點的感化兒童。在孩子具有很多根深蒂固的壞習慣的情況下，可以徹底更換孩子的生活環境——讓他去別的地方去居住，並置身在另外一些人當中，這樣的做法往往會收到不錯的效果。

不少習慣是帶有傳染性的，所以有些寄宿學校的這種做法是很不好的：對新生的習慣還不了解時，就把他安排和老同學在一起了。

但是如果我們想要把從習慣本身的特性中自然而然的產生出來的一切教育規則全都列舉出來，那是不可能的，因為太多了，所以我們將這件事交給教師自己去做。接下來，我們再來說一下另外一個重要的問題。

　　所有的牢固的培養起來的習慣，都應該是合理的、必要的、有益的；而所有被根除的習慣，都應該是有害的 —— 這是自不必說的。但是這裡又產生了這樣的一個問題：是需要將應當樹立起來的習慣的好處或者應當根除的習慣的害處，解釋給學生他們聽呢，還是只須要求學生履行那些用來樹立或根除某種習慣的規則就可以了？這個問題應該按照學生不同的年齡和不同的發展的情況，來用不同的方式進行解決。當然，最好的做法是能讓學生認識到規則的合理性，然後用自己個人的意識和意志來為教育者提供幫助；但是有很多的習慣，卻應該在孩子處在還無法向他們解釋清楚某種習慣的好處或者害處的階段，就樹立或者根除。在這樣的年齡階段，孩子應當對教育者絕對的服從，並以這種服從為基礎來履行某種規則，從而養成某種習慣，或者將某種習慣根除。用什麼以及以什麼方式來實現這樣的服從，並讓其發揮應有的作用 —— 我們將在關於意志的章節中闡明這個問題，在這裡，我們只打算順便談一下獎勵和懲罰在形成或根除某些習慣的過程中所發揮的作用。

第五章　論習慣的培養

　　毋庸置疑，孩子任何因為害怕受到懲罰或者因為想受到獎勵的行為，就已經是不正常的、有害處的行為了。當然，可以這樣來對孩子進行教育：讓他從自己生命的最初階段就習慣對教育者的無條件服從，不需要懲罰或者獎勵他。當然，以後也可以想辦法讓孩子依戀我們，讓他能夠只是因為愛而服從我們。然而即使我們意識到懲罰和獎勵的性質是有害處的，假如在當前的教育狀況下，我們就認為懲罰和獎勵的方式可以徹底摒棄了，那我們就成了空想家了。醫生不是總為了治療那些可能對身體危害極大的疾病，而不得不給病人一些有毒性的、對身體有害的藥品嗎？只有在醫生有無毒的、可以實現治病的目的的藥物，但是他不去用，反而用有毒性的藥物來治病的情況，我們才會去對這個醫生進行指責。比如一個孩子沾染了貪懶的習慣，而教育者不對他的懶惰進行懲罰，不對他的勞動予以獎勵，就不可能讓他克服貪懶的習慣；在這樣的情況下，如果他不採取這種方式就錯了，因為這種方式的不良影響是會一點點消失的，然而已經形成的貪懶習慣，如果不加以制止，就會迅速發展，並且導致極為嚴重的後果。再比如，孩子因為害怕懲罰或者想要得到獎勵而從事勞動（這當然是不好的），但是卻由此養成了勞動的習慣，從而讓勞動成了他發自本性的需求 —— 在這樣的情況下，勞動將讓他的意識獲得新的發展，於是也就不再需要獎

勵和懲罰了；而它們的不良後果也將在自覺的勞動生活的影響下逐漸的消失了。

我們於是看到，在牢固的培養學生某些習慣的同時，教育者也在讓學生的性格朝著某種方向發展，有時這種做法甚至是不以學生的意志和意識為轉移的。然而有人會問，教育者有這樣做的權利嗎？俄國的教育學也已經及時的問著自己這個古怪的問題。

目前我們沒打算來回答這個問題，因為我們在以後全面的談論教育的權利時，還要說起它；我們現在只是就習慣這個角度來回答這一問題，而且我們的回答差不多是全部引自一位蘇格蘭的最有經驗的教育家的話。

「習慣是一種力量——」詹姆斯（James）說道，「對於這種力量，我們是無法要求它存在或者不存在。我們能夠正當的利用這種力量，也能夠不正當的濫用這種力量，但是是無法不防止它的影響，無法阻礙孩子身上形成一些習慣：孩子能夠聽到我們在說些什麼，能夠看到我們在做些什麼，所以他們會模仿我們，只是不可避免的。成年人對孩子的本性沒有影響是不可能的，所以最好對它具有自覺的、合理的影響，而不要讓所有事情的發生都是偶然」。

如果我們停下來觀察一下我們俄國的教育，並且從我們在談論習慣及其作用時力求建立起來的那種觀點來出發，那

麼在這方面我們能夠發現的，差不多都是缺點，尤其是在我們的非宗教學校裡（不管是走讀的，還是寄宿的），更是這樣。而我們的教會學校則有獨立的歷史：這些學校是因為社會有這樣的需求，而自然而然發展起來的，它們憑藉以這些學校的精神教育出來的畢業生來更新學校的人員，所以就具有自己獨立的歷史以及教育傳統 —— 總而言之，是擁有自己的教育特點和教育力量的；這種特點和力量持續不斷，同時將自己良好的和不良的方面在學生的性格當中明顯的表現出來，並且代代相傳下去。不過這種力量是將引向良好的一面，還是不良的一面，那就是另外一個問題了，我們不打算在這裡解決這個問題，不過無論怎樣，它都畢竟是一種力量。

而我們的非宗教學校根本不是產生於社會的需求，而且也不像西方那樣，被教會所保護；它們主要是一種行政機構，這樣的機構並非發展自民族的歷史當中，它們擁有自己獨立的年鑑（並不是歷史）；在發展上，它們是缺乏連續性，頻繁的發生變動，而且這些變動還都是互相矛盾的。在我們的那些非宗教學校中，甚至在整個國民教育事業中，我們所獲得的進展是微乎其微的，我們頻繁改變教育的基礎，對教育的實際要求也在頻繁變化，所以教育這座大廈的地基也總在重新奠定，認為原先所做的所有工作不只是有缺點的，甚至是

完全錯誤的，是有害的，所以即使是在彼得大帝去世 150 年之後的現在，在非宗教的教育事業中，在整個國民教育事業中，我們差不多還是停留在最初階段；直到今天，我們還在這樣的問自己：它到底是不是需求？

在非宗教的學校裡這樣缺乏歷史傳統、這樣頻繁的改變教育原則和教育的基本意圖的情況下，就別指望在這些學校裡、在學校的教育者和學生身上能夠找到某種明顯的共同特徵了。

在大學裡哲學方面的學科被取消了，幾乎沒有什麼學校開設心理學課程了，在某些學校，教育學在被馬馬虎虎的講授著，不過是裝裝門面；雖然師範學院有一些，然而在師資人力嚴重匱乏的那段時期，這些學院曾經被迫關閉過 —— 在這樣的條件下，我們都沒有制定出任何應當在現在成為社會輿論的財富的教育規則，不管是在科學領域，還是在生活領域，都是如此，而且到現在也沒有能將這件事弄清楚：我們到底想要把俄國學校的學生，培養成什麼樣的人。

不僅這樣，我們甚至還沒有努力實現讓 10 歲的孩子在學校裡只擁有 1 位教育者，而不是擁有 10 位教師；我們甚至也沒有努力實現讓 12 歲的孩子可以運用他在 10 歲時所掌握的知識，並可以讓過去學到的東西得到補充和發展，而不是丟掉或者忘記它們。我們甚至沒有努力讓自己的學校與社會生活相連在一起，沒有把民族性格中值得移植和發展的部分移

植到學校裡，並使其在那裡獲得發展，然後再反過來利用學校來影響民族的性格。

我們的學校中有這樣一個十分普遍的現象：在同一個班級當中，某一門學科的教師在往某個方向拉，另一門學科的教師再往另一個方向拉，而第三門學科的教師卻往第三個方向拉，因此就算他們大家都覺得還有思考基本的教育原則的必要，也無法做到看法一致；而校長注意的不過是表面的秩序，掩蓋在這種表面秩序下的，卻是雜亂無章的、形形色色的教育方式。由於公共教育處在這樣的狀態，我們的學校雖然還勉強能對學生展開教學，促進學生的智力得到發展，但在年輕一代性格和信念的形成方面，卻絲毫影響都沒有，而是對這件事情徹底的聽任偶然，甚至不將他們的生活中可能用得上的熟巧和能力傳授給學生們。這樣的學校還可以培養出一些表面上成熟的、具有一定知識的人，但是想培養出嚴以律己的、具有基本信念並開始形成性格的能幹人才卻是不可能的。在這種情況下，就連我們的一些雜誌對年輕一代的影響，也比我們的學校大得多 —— 這就不足為奇了。

在這裡分析怎樣擺脫這種可悲的狀況並不合適的；不過如果有些人想透過表面上借用外國學校的某種規章制度的簡便方式，來改變這種可悲的狀況，那麼這只能說明，在我們國家，甚至是那些自認為在這方面是專家的人，到現在對教

育及其心理和歷史基礎的考慮，還總是非常不夠的，如果以在學校中普遍開設任何一種古典語言的課程這樣的簡便方式，就可以讓我們的學校具有了現在它們缺乏的那種持久的歷史和教育特性，那真的是太好了。然而十分可惜的是，這是根本做不到的，因為任何一門學科的教學，都不可能將這種不幸的狀況改變。我們的一些古典語言的愛好者的依據只是外國學校的教育做得比我們好，而且大部分外國學校裡都在教授古典語言；然而，外國學校在教育上的優點，是因為開設了古典語言課而產生的嗎？ ── 他們並沒有將這個問題搞清楚。

對外國的那些堅持主張在自己的學校裡教授古典語言的教師，我們是完全理解的，甚至對他們的做法，還是有些贊同的。西方認為教育領域中這一守舊的因素是合理的，它可在我們上邊已經說的那個以心理學為基礎的規則裡面為自己找到辯護的理由，即在教育工作中，與新的措施相比，任何一項老的、已經根深蒂固的措施往往都占據明顯的優勢地位，這是因為它是老的，是已經根深蒂固的，因此也就具有一定的教育力量，而新的措施即使想要獲得這種力量，卻還需要非常長的時間；所以，在教育事業中，守舊思想（當然，這裡指的並不是那些愚蠢的、沒有任何意義的守舊思想）比在別的任何事業中都顯得更加正常一些。但是難道我們會努

第五章　論習慣的培養

力將古典的因素納入我們的學校,從而讓自己變成守舊的分子嗎?顯而易見,在西方,不只是所有生活都是在古典的基礎上發展起來的,而且哪怕是現在,知識分子階層中的整個成年的一代,也從自己的祖先那裡接受了古典的教育;因此那裡所有守舊的教師都因為理解到傳統對於教育工作的一切重要意義,而堅持主張在自己的學校裡教授古典語言,這是順其自然的事;而在我們國家當中,這就是新鮮事物,而不是守舊思想了。顯而易見,在西方,古典語言的教授早已形成了普遍的學校形式,因此,在那裡任何一個受過中學或大學教育的人,都能夠擔任這些學科的教師;也正是因為這個,很多小心謹慎的教師就堅持保留這一早就根深蒂固的學校教育形式。但是在我們這裡,當我們因為打算同時在大量的中學裡開設古典語言課,而被迫大量的招募這些語言的教師 —— 不管無論在哪裡,也不管這是些什麼樣的人 —— 將會是什麼樣的後果呢?不難想像,品質一般的教師只能培養出品質一般的學生,而品質一般的學生又會成為品質一般的教師 —— 這樣循環下去,我們就無法讓我們的學校獲得古典語言的教育力量,而是只白白的浪費教育新一代的時間,然而這些時間,卻是一去不復返的。

我們俄國的學校是沒有歷史的,而又不可能像購買某種外國機器那樣,直接獲得學校的歷史,所以無論願不願意,

我們都要走合理的道路，即要以科學為基礎，以心理學、生理學、哲學、歷史還有教育學為基礎，而最主要的，是一定要以清楚自己本身的要求、清楚俄國生活的要求為牢固的基礎，從而獨立的（不醉心於模仿其他人）去弄明白，俄國應該建立什麼樣的學校，它應該培養出怎樣的人，應該滿足我們社會的什麼要求；而為了滿足這些要求，什麼地方需要古典語言，我們就在什麼地方開設這樣的課程。在大學裡、在教務會議上還有教師進修班上形成這樣的共識，然後以這種方式，再透過教育文獻，讓這種見解傳播到社會上去；在這裡形成明確的社會輿論，從而讓社會了解它應當向自己的學校提出怎樣的要求，同時也讓學校了解它們應當滿足社會的什麼要求——我們認為，這就是讓我們的學校在我們俄國的土壤扎根，並且賦予它們以前從來沒有過的生機的唯一途徑。誠然，我們的社會將自己有培養自己年輕一代的能力時期已不遠了，然而任何持久的改革（只要是建設性的，而非破壞性的）的進程，過程都是極為緩慢的。

最後，有一點我們要向我們的讀者道歉，那就是我們在和習慣有關的章節上耽擱他們太久了，不過我們不能不這樣做，因為教育活動之所以能夠進行，主要就是因為有我們的神經系統具有獲得習慣、保持這些習慣甚至使之代代相傳的能力作為基礎。

第五章　論習慣的培養

第六章
論課堂紀律

第六章　論課堂紀律

　　如果我們已經能按上面的文章所說的那些原則來組織我們的課堂教學；如果我們已經能讓課堂教學具有嚴整性和條理性，我們某一方面的教學活動，不會因為時間過長 —— 對於兒童的年齡來說 —— 而讓他們感到厭倦，同時又讓課堂教學不會枯燥無味，每時每刻都不讓任何一個兒童沒有事做；如果我們已經能夠做到這些教學活動可以激發兒童的興趣，同時又能夠用自己本身的熱忱還有嚴肅認真的態度（不過，這種態度千萬不要變成嚴厲的態度）引起兒童們重視履行自己的責任；如果我們已經能夠讓這些責任不致過於簡單，而讓兒童輕視了它們，也不致太難而讓兒童軟弱的體質無法承擔；如果我們可以為他現在正處在的那種發展過程提供充足的養料，而不是要求兒童達到他還達不到的發展程度；最後，如果我們的道德品格可以讓兒童愛上我們 —— 那麼課堂紀律就在我們手中掌握了。

　　在舊學校中，紀律是以最反常的原則為基礎建立的 —— 以對有獎勵和懲罰的權力的教師的畏懼為基礎建立的。這種畏懼逼著兒童處於不僅與他們的本性不符、還對他們有害的狀態 —— 呆板，口是心非，在課堂上覺得無聊煩悶。那些和其他孩子相比，那些不活潑的、生性不好動的、更能忍受枯燥無味的學校生活的孩子，或者是馬上就學會了弄虛作假、眼睛盯著老師，卻同時在課桌下擰自己同學的孩子，卻可以

獲得獎勵；而那些活潑好動、直爽坦率、不善於掩蓋自己的心靈活動、如飢似渴的想要為自己正在發展的才能補充養料的孩子，卻會遭到懲罰。我們大家為了可以這樣溫順的坐在課堂裡，而付出了多麼大的代價啊！

「溫順的坐著」這個說法（這是瑞士教育權威的說法）將舊學校的特性揭露得淋漓盡致：它並不想激勵兒童去進行活動，也不想為他們提供活動的機會並讓他們的活動生機勃勃；它也沒打算滿足精力奔沛、活潑好動的兒童的需求，而這是他們出於天性的正當需求，而是迫使兒童什麼都不想，什麼都不做，只是溫順的坐在那裡就行了。

令人遺憾的是，在我們的很多學校裡這種弊病依然占據優勢，正是它導致了學校的一連串過失，這些過失是很難靠紀律來克服的。兒童的很多過失甚至惡習的根源，就隱藏在枯燥無味的學校生活中：懶惰、淘氣、任性、撒謊、虛偽、欺騙、蹺課、弄虛作假等等還有一些暗中的不良行為。這是能夠讓教師陷入絕望、毒化兒童生活的清澈水流的烏雲，而枯燥無味的學校生活一旦消除，這令人深惡痛絕的烏雲也就會自然而然的徹底消失不見。

學校的所有教學以及學校的所有生活，都應該有理性的、宗教的和道德的因素滲透其中。在學校中應充滿嚴肅性 —— 開玩笑是可以的，不過不能將所有的工作都變成玩

笑。在學校中可以有親熱的氣氛，但是不應該過於甜蜜；應該秉持公正，但是又不吹毛求疵；充滿善良，但是不能軟弱無能；秩序井然，但是不墨守成規，而最主要的，是要持續的有符合理性的活動。這樣，兒童的身上就會自然而然的有善良的情感和意向萌生並發展，而他們身上的一些可能是之前養成的不良趨向的萌芽，也會一點點消失。

這種可以說是學校的保健作用所導致的負面影響是不易覺察的，但是又是極其強烈的，也是極其持久的。它的重要性，要比學校以獎勵、懲罰和道德說教所施加的那種病理影響大得多。

獎勵和懲罰已經不是可以預防疾病，或者說用合理的、正常的生活和活動來治療疾病的沒有害處的保健方式了，而是成為了一種藥物，作用是用另一種疾病將原來的疾病從機體中排出去。對於這種有時是必需的、不過始終是藥物所以有害的方式，學校或家庭應該使用得越少越好；所以，教師最好不要忘記，如果現在還不得對兒童使用獎勵和懲罰的方式，那麼只能說教育藝術還有待完善，只有病人才是需要治病的；然而不幸的是，在我們這個時代，精神上和肉體上的疾病，是兒童這個年齡階段十分常見的現象，而我們的家庭教育和學校體制，尤其是寄宿學校的體制，卻不僅不利於將精神上和肉體上的疾病萌芽消除，而且往往還是反過來的，

即以驚人的速度和力量為它們的發展助力，所以為了醫治這些疾病，就不得不向一些有害的藥物求助，以致一種疾病去掉了，卻又得上了另一種疾病。一切對兒童的自尊心影響強烈且只是以畏懼和痛覺等為基礎的懲罰和獎勵方式，就屬於這樣的性質。我們總在說要將學校裡的所有懲罰方式清除；然而更為合理的要求，是要將學校辦得讓獎勵和懲罰都成為用不上的方式了。

至於說道德箴言，對處在我們這裡所談的年齡階段的兒童而言，採用道德說教方式的效果甚至說不定比懲罰方式更壞。這是因為你們要讓兒童養成聆聽的習慣，但是他們其實還不懂得那些關於道德的高尚言詞的涵義，而且還有一點更主要，那就是，他們還感受不到。這樣一看，你們這樣做實際上就是在培養偽善的人，這樣的人更容易染上惡習，因為他們有了你們所給予的擋箭牌來將這些惡習掩蓋住。

這裡說的只是課堂紀律，所以我們沒有將兒童的各種精神上的疾病及其治病方法詳細的敘述出來的必要；不過我再說一次，恰當的組織的課堂活動，是一種最為合理，而且也是最為有效的保健方式，它既可以預防兒童精神上的疾病，又可以用合理的活動，還有兒童在課堂上度過的兩小時合乎規則的生活來對這些疾病進行醫治。現代的醫學和現代的教育學，都開始用懷疑的眼光來看待過去倍受頌揚的所有見效

快的特殊方法，而又向一些保健方式求助；它們都有同一個目的，那就是利用合理的生活和合理的活動，既要將在相反的條件下產生的疾病消除，又要讓這一疾病得以滋長的那種土壤得到改變。

在工作組織得十分合理的學校中，因為貪懶而懲罰是不可能的，因為孩子們在課堂內就學會了功課；因為淘氣而進行懲罰也是不可能的，因為孩子們十分忙碌，根本沒有去淘氣的時間。在這樣的學校當中有可能存在的，無非是因為注意力不集中而給予的最為輕微的處罰，或者是因為注意力集中而予以的表揚。

第七章
國民教育的基本思想

第七章　國民教育的基本思想

人道教育應當比任何專門教育都早，如果大家對於這一點都沒有什麼疑問，那麼，人道教育又是什麼呢？它應當追求怎樣的理想？採用什麼樣的方法？主要透過哪些學科能夠讓兒童的人道精神得到發展？—— 這個問題本身，這個好像是自己提到日程上來的問題本身，截至目前，不僅還沒有得到多少令人滿意的解決，甚至都沒有在俄國的書刊上引起嚴肅認真的分析，而這是一個完全應該進行嚴肅認真分析的問題。既然大家都同意專門教育在兒童教育中是有害的，也都同意一定要首先進行普通人道教育，那麼，接下來好像應當進行解決的問題是：到底什麼教育叫作普通人道教育？然後才能夠討論怎麼樣在我們的學校中貫徹它的方法問題。然而，我們卻直接開始討論關於學校改革的問題，即使連一切這些改革所依據的那個思想甚至都沒有真正的認識清楚。我們認為，這就是在這類改革的所有方案都表現得躊躇不決、模稜兩可，皮羅戈夫十分中肯的指出過的矛盾隨處可見的主要原因。

這一切都是沒有完整的認識基本思想的結果。國民教育一定要以某種基本思想為依據，如果懷疑這一點，不就等於從根本上理性思想的可能性和人類理性的實用性都懷疑嗎？不就等於讓最為重要的社會事業、家庭和個人事業聽任偶然機遇的擺布嗎？

到底是哪些原因現在還在阻礙著我們齊心協力的認識教育的基本思想呢？原因有非常多，我們這裡指出其中的三個。

　　第一個原因：我們這一代人本身接受的教育不夠，即負有思考如何使命的這一代人所受的教育不夠？原因很清楚，國民教育的基本思想，首先是深刻的哲學思想和心理學思想。為了將這個思想闡明，一定要先說明，按照我們的意見，人是什麼、我們想要教育的對象本身是什麼、透過教育我們打算達到什麼樣的目標、我們的觀點中理想的人是什麼樣的？無論你，讀者，心目中有什麼樣的哲學和心理學觀點，你都會認同：既然我們在談論和教育人相關的問題，本身就應當提前有一個關於人的概念；你都會認同：既然我們打算透過教育實現某種目標，那就首先應當對這個目標有一定的認識。假如你對哲學不太喜歡，對心理學不太相信，難道你也會覺得在對目的、方法都不了解、對我們賴以工作的基礎也沒有認知的條件下，能夠將國民教育辦好嗎？哲學教育（我們這裡的人直到最近，對此還曾抱有某種不信任甚至敵對的情緒）的不足，在今後很長的一段時期內，還將成為我們教育活動之路上的障礙，我們還將就那些極易解決的問題展開長期的爭論，這一切只是因為我們不希望，或者不能將我們每個人在爭論中不自覺的依照的基本思想公諸於眾。

第七章　國民教育的基本思想

　　我們對普通人道教育的思想沒有充足的認識的第二個原因，在於我們因為長期形成的習慣，而不自覺的對西歐的一套表示了相信，我們似乎希望西歐已經將這個問題解決了，而我們只要沿用他們的解決辦法就行了。我們在看西方的教育著作，去西歐文明國家的學校參觀，非常渴望能在我們俄國也看到所有的這些；我們正在學習將西方的這些或那些教育原則掌握，並且準備在它們的影響下，對我們的國民教育進行改造，將其辦好。我們幾乎沒有去想過這些形形色色的原則，都是源自一個什麼樣的整體思想，於是，我們在俄國實施這些原則。當發現它們之間相互矛盾的時候，就會天真的覺得十分驚訝。要是我們能夠花時間去研究西歐某個國家作為國民教育基礎的基本思想，就可能會得出讓我們自己深感意外的結論：我們將會由此確信，每個民族的教育思想比任何別的東西都具有滲透民族性，它的滲透程度之深，就連把它們移到別的國家應用的想法也不可能產生。同時，我們也不會覺得驚訝：為什麼我們將這些思想搬用到我們俄國來的時候，搬用的不過是這些思想死的形式，不過是些沒有任何生命力的軀殼，而不是它們生氣勃勃的、飽含活力的內容。我們在仔細分析西方各民族的教育思想之後還會發現，我們總打算在俄國推行的東西，其實還不能算得上一種思想，而不過是某個西方民族無意識的保留下來的歷史痕跡，

而要想將這種歷史痕跡吸收，就和將吸他國的歷史吸收一樣，是不可能做到的；我們還會清楚，即使在西方，也沒有將人和人的需求的哲學觀點之間的關係、教育理論和教育實踐之間的關係徹底的弄明白，在那裡也有很多墨守成規的現象，西方的國民教育正處在全面改革的前夜，而我們現在，卻還要冒險照搬明天就要被西歐國家視為廢物的東西。

我們的教育思想不夠明確的第二個原因，應該在我們時代特殊的熱情中裡尋找。議論教育這樣一個課題，要比別的課題更加需要心平氣和，也更加需要見解的絕對自由以及思維的周密成熟。深受我們時代偏愛的那種簡單否定，在這裡沒有任何用處。我們面對的是心地純潔、毫無過錯的孩子，他想要得到正面的教導，希望從我們這裡學到積極正面的聰明才智，而非聆聽對他還理解不了的東西的否定意見。「你們想要讓我做些什麼？」—— 孩子這樣問我們 ——「你們打算將我培養成什麼樣的人？你們覺得什麼是好的？你們自己想要什麼，打算將我引向何方？你們的迷惑我無心過問，請為我指出一條直路；不要告訴我你們憎恨什麼，請跟我說你們喜歡什麼；不要告訴我你們在破壞什麼，請跟我說你們想建立什麼？不要告訴我你們不希望什麼，請和我說你們希望什麼。」

對這些問題，我們能給出什麼樣的回答呢？

「回答『我們希望什麼？』這個問題好像非常容易」——
皮羅戈夫說——「但是，如果回答這個問題，需要我們將從
街頭把戲直到國家大事都包括在內的一切事務來說的話，那
麼，能夠得到合乎的評語的人就不怎麼多了。」

　　就算皮羅戈夫引起人們普遍的關注教育中早期專業化的
危害性，就算他將一定要首先關心對後輩進行普通人道教育
的必要性闡明，但是非常遺憾的是，我們無法說在他的文章
裡也將他對普通人道教育的內含的想法同樣的闡明，而這一
點是一定要弄明白的，因為作者自己也說：「現在回答這樣一
個問題，沒有從前大家都了解什麼叫『humaniora（指古代經
典文獻）』時那麼容易；現在人們甚至想在中學課程加上政
治經濟學和統計學，由此可見人們已經將這些專業性的學科
視為普通教育學科了。」

　　我們可以坦率的承認，最近我們自己對「humaniora」含
意的理解，也出現了根本性的動搖。大家對人道教育應當先
行於專門教育這一點都是堅信不疑的，然而人道教育本身又
是什麼呢？還需要對這個問題做深入細微的研究，遺憾的
是，在作者的文章裡，我們連這個分析研究的認真嘗試都沒
有看到，看起來，他自己對這個問題的看法還是十分猶豫不
決的。在〈學校和生活〉一文中，皮羅戈夫是這樣說的：

　　「確定普通人道教育在現在對於不一樣的階層應當存在兩

種不同的程度後，還應當確定，哪些部門以及在什麼樣範圍內歸入一種程度，另外的哪些部門則應當歸入另一種程度。不過，這個問題永遠也都不會得到徹底的解決。解決這個問題沒有別的辦法，除非為了一個領域而將另一個領域犧牲，除非用數學方法進行證明：某一個領域更能促進人的各項才能的發展，而另一個領域則與之無法比擬。但是這一點是不可能證明的。」

「從科學和教育藝術角度來說，這個問題現在還是懸而未決的，不過家長們不會關心這個。假如你有一個病孩，那麼對你來說，採用什麼方法替他治病反正都是一樣的 —— 只要求孩子能夠痊癒。你何必要為應該怎麼去做 —— 到底是學習希臘語和拉丁語，還是學習法語和英語 —— 對你兒子更有好處而忙忙碌碌、困惑不解、爭論不休呢？請你相信，在一位才能出色的教育家手中，無論是古典語言，還是現代語言，普通教育的各門學科對於發展智慧都是有好處的。還應該確信另一點，這一點也是最為重要，也就是受你委託教育你的兒子的那些人的個性。是利用古典語言和數學的學習，還是透過對現代語言和自然科學的學習，來實現對你兒子的普通人道教育 —— 這並不重要，只要將他培養成人。這種教育上的各式各樣的方法所具備的好處和優點都十分明顯，也都十分重要，以致現在無法肯定哪一種是更好的。」

第七章　國民教育的基本思想

假如對家長來說，兒子透過什麼途徑獲得普通人道教育的問題無關緊要，他只求兒子能夠接受到這種教育，那麼，對於教育工作者、主管國民教育的人還有公共學校的創辦人和組織者而言，這個問題絕對不是無關緊要的。他們應該判斷，什麼樣的途徑是更可靠的，更容易讓人接受到普通人道教育，在中學當中，應該放在首位的是現代語言還是古典語言等等。作者自己在說起建立中等學校的問題時並沒有說：無論是古代語言和數學，還是現代語言和自然科學，兩種途徑都一樣能夠獲得普通人道教育。不過他所表達的思想，就像德國人截至目前對他所理解的那樣，絕對是對人道教育有利的。但是這已經徹底屬於另一個話題了！既然這樣一位真摯誠懇、深謀遠慮的作家，竟然在解決走什麼途徑對發展人道教育更有利這個問題的過程中如此舉棋不定、自相矛盾，由此可見，這個問題是多麼困難、多麼深刻，是多麼的迫切需要更多的人一起來研究解決。

如果皮羅戈夫以人道教育的名義守護的是普通人道教育、智慧還有心靈的發展，讓它們不會受到使人庸俗化的現實生活的影響，如果他保護年輕的後代，不會受到從生活向學校滲透的那種買賣思潮的影響，那麼，除了蒙昧主義者外，誰會反對他呢？然而，假如他守護的是舊人道教育還有它那一定學習的古典語言、它對基督教世界的不理解、對現

代人和人的現代需求的完全不了解、與現在我們時時身處的
生活的格格不入，那麼麥考萊（Macaulay）、巴斯蒂亞（Bas-
tia）等這樣一些人將會出現在作者的反對者的行列當中，而
這些人並不能算作教宗主義者或者蒙昧主義者的。誰也不會
懷疑教育中必須有人道精神這一點，然而，卻有許多人對於
所謂的「humaniora」的人道精神持懷疑的態度。拉丁語，特
別是希臘語的學習，曾經為擺脫教宗主義極力用以束縛人的
理智的枷鎖奠定了見識的基礎，即使是這樣，也並不意味著
別的學科（假如在當時已經有這些學科了）的學習就不會達
到同樣的效果。數學、天文學、物理學和化學、歷史學、擴
大地理知識，在將中世紀愚昧無知消除上發揮的作用，都不
比學習古典語言小，也許還是它們的作用更大一些。如果對
於 16 世紀的人來說，古典語言曾經是那個時代唯一能夠開啟
被遺忘的羅馬和希臘知識寶庫的鑰匙，那麼現在，這些寶庫
早已消耗一空。不只是一切傑出的古典作家的作品現在都有
了現代語言的譯文，而且大量的古代世界的知識已經被現代
科學汲取吸收了，這就讓那些並不會希臘文、拉丁文的人也
可以接受這些知識。如果現在還可以研究古典教育的良好影
響的話，那也僅僅是指學習古代語言本身的影響，而並非用
這些語言所描寫的內容。在另一方面，考慮到現代世界知識
的容量，我們就會看見，如果要將它塞進已經消耗一空的希

臘羅馬寶庫之中，是無論如何也不可能的。最後，如果我們想從古典作家作品中研究人，研究我們自己，那也一定會碰壁，因為在希臘和羅馬的公民與現代人中間有一條鴻溝，一條不可逾越的鴻溝。

　　就拿古代世界最優秀的代表人物，時代發展到最鼎盛的時期才會產生的那些菁英來說吧，你會發現，無論如何這些古典教育的菁英都不可能成為現代人的榜樣。他們，這些蘇格拉底式、亞里斯多德式、塔西佗式的人物，儘管擁有顯赫的威勢，然而在他們的身上都就像任何一個鄂羅克人身上的野性那樣的，某種和現代生活背道而馳的東西。請看一下亞里斯多德的《政治學》吧，在最前面的幾頁上你就會讀到一些對人、對女人、對異族的觀點，這樣的觀點現在可以大大方方的說出口的，也只有南方各州的種植場主人了。絕對不可以把這些思想視為亞里斯多德的局部性錯誤，就像他將鯨視為魚類的錯誤一樣。在關於人的概念中表現出這個人本身的思想，亞里斯多德對奴隸、女人、異族人的觀點，和他的全部哲學的關係是密不可分的。假如一個漠不關心宗教事業的人，讀完了塔西佗那精彩的描述猶太宗教的實質的文章，假如這個人發現，這位古代最偉大而崇高的著作家將承認上帝是精神實體和精神上崇拜上帝，斥之為荒唐和卑鄙 —— 那麼，他一定會覺察到，基督教將最普通的人置於偉大的塔西

佗之上，就像將關於精神的統一的上帝的概念置於五光十色的神話之上一樣。

　　如果有人想要證明這些僅僅是偉人的局部性錯誤，一定會是白費力氣，因為這一切都是因為他們的多神教本性而產生出來的結果，是完全合乎邏輯的。不管我們的世界觀是什麼樣的，在文明社會面前基督教的偉大功績就是，基督教讓人的本性和人對人的態度有了根本上的改變，為此，不用高度的文明，也不用特別的知識、高度發展的智慧：它用民眾都能夠理解的幾個詞語，就將一個野蠻人置於古代世界最英明、最有文化的人物之上。不，這絕對不是古代偉大著作家的局部錯誤！請仔細了解一下希臘人和羅馬人的風俗習慣、他們家庭的日常生活，了解一下他們對婦女和奴隸是怎樣的態度，他們對人和公民是如何理解的，他們又是如何看待國家、人民、人與人之間關係的，他們在政治經濟上有怎樣的信念、他們對歷史是如何評價的 —— 你一定會確定無疑：主要學習古代世界遺交給我們的東西的方法，根本沒有將人引入歐洲的現代生活的可能，學習古代經典作家作品，也是無法將人培養成我們現在所理解的人，也不能促進科學與生活相結合，而每一個想要獲得真正的進步的人當然覺得這種結合是必不可少的。相反，我們有充足的理由認為：西歐無法擺脫的、以歷史傳說為基礎、主要學習古代經典著作的學

習，直到現在，仍然是阻礙著科學有效結合生活的絆腳石。

　　在有些民族的學校裡，即使古典教育占據著絕對的統治地位，卻達到了相當高水準的人道教育，不過這樣的例子還不能說明什麼問題；我們應當對於這種例子做一番批判性的分析。作者舉出英國作為例子，但是，難道不是他自己在另一個地方曾說過，被英國教會控制的英國大學如果保持著教育性質，那他們應當對英國國家政權的無法仿效的制度表示感謝嗎？我們不也有權運用這個思想，來對古典教育流派在英國學校裡獨占的絕對的統治地位進行分析？我們不也有權說：即使英國從絕對的古典教育中獲得了一定的好處，那麼它只能將這個歸功於自己的國家制度還有無與倫比的社會生活的發展？既然在作者看來，英國人之所以在自己祖國的社會裡顯得這樣的聰明優秀，正是因為他在童年和青少年時代為古代經典著作教導薰陶的結果，那麼，我們也有權認為，如果對古典作品的優先學習沒有讓英國人脫離現實生活，那麼，唯一的原因，就是這個現實生活自身過於的強有力，它無時無刻不對他產生著影響：在家裡，在學校，透過家庭和社會的傳說，透過家長、教師、同學，透過國家制度的形式，透過業已形成的社會機體的法律等等各個方面。我們有毋庸置疑的證據來證明這一點。古典教育不只是在英國的學校裡占據著統治地位，在德國、法國、義大利的學校裡也是

一樣的；為什麼它會對人們帶來各種不一樣的結果呢？英國人對古典著作本身持有不一樣的看法，德國人又是持另一種看法，法國人的觀點也不全一樣；每一個國家的人都從古典著作中吸取了和他們各自本性相符的教益。古代經典著作沒能讓德國人變成講究實際的人，同時也沒有妨礙他現在還可以稱得上一位書房中的學者。各國人民都是透過自己的眼睛來看待古代經典著作的，既然是這樣，那麼我們俄國人為什麼就不能按照自己的方式來看待它呢？我們應該去跟誰借眼鏡呢？同時戴三副眼鏡是不可能的 —— 這樣就什麼都看不到了。德國人從經典作家那裡學到的的是語法、哲學還有考古學；英國人吸收的則是實踐智慧的教益、思想，還有表達上的明確性和準確性；法國人則將靈活的語句學了去；而到目前為止，我們俄國人所吸取的不過是僵死的宗教學校的形式主義，而且我們的試驗延續的時間還非常長 —— 整整一個世紀。難道還需要重新再開始嗎？不管我們俄國古典語言的教授有多麼的差勁，但還是有不少人已經學會了它們。在俄國，對於那些將青春年華的四分之三都耗在了拉丁語、希臘語和猶太語的學習中的人來說，這種學習又帶來了哪些好處呢？據說，不能因為古典語言的教授太差而對古典語言橫加指責，但是，要是在俄國可以培養出某些學科的好的教師的話，那肯定是古典語言教師。那麼，為什麼古典語言和古典

文學的知識沒有讓這些學科的壞教師變成好教師呢？由此可見，對我們而言，古代語言並不具備培養教育人才的力量。

我們並不是否認學習古典語言和古典作家的作品可以讓人的智慧和心靈獲得發展；然而，按照作者本人的觀點，對任何一門科目的有條理學習，難道就不能收到一樣的效果嗎？所以，還應該證明，必須用在學習古典語言（對孩子們而言，掌握古典語言無疑要難於掌握現代語言）的時間能否得到補償，即這種時間的補償是不是需要這麼多，以致必須選擇學習古典語言，而將對現代語言或者自然科學的學習放棄呢？

當然，無論學習哪門語言，都像研究一個有靈的機體一樣，本身就已經對人的精神發展有益處的，它並不以作為開啟民族文學寶庫的鑰匙的外語知識的影響為轉移；我們對另外一個觀點也並不是排斥的態度：古典語言作為智力發展的方式，和現代語言相比，在這方面更具有某種優越性；古典語言具有其完整性，但是這種完整性是目前還處在自身形成發展過程之中的現代語言所不具有的；不過在另一方面，在古典語言裡是聞不到現代語言中的那種歐洲現代生活的氣息的。下述觀點我們也表示同意：古典著作家的創作裡往往會呈現了內容和形式的緊密關聯，而現代著作家中能將這一點做到的寥寥無幾；我們還對這樣的看法表示贊同：古典著作家作品中思想的表達十分直率，是無可仿效的直率，通常來

說，只有徹底獨立的產生於人的心靈的思想，才能夠這樣直率的表達出來。不過，這是什麼原因造成的呢？是不是因為古代的人直接用眼睛來對世界進行觀察，而非借鑑他人的思想或長期研究的、內容淵博的科學呢？而在閱讀古典著作家作品的過程中，正是這種見解上孩童般的、同時又非常英明的天真幼稚，才讓我們心馳神往；如果一個希臘人首先一定要學習猶人語、波斯語、埃及語，然後才能轉入對周圍的生活進行研究，那麼，看問題的這種幼稚天真，這種讓人驚異的簡單樸實，未必能在希臘著作家的創作中站住腳！希臘人在本國語言上可以實現藝術完善的境地，可以擁有一批自己的優秀作家，這不是學習某一門外語的功勞，也並不是學習他人的文學的功勞。自己本國的語言、自己民族的傳統和自己周圍的生活是他們首先學習研究的對象；這是不是恰恰是形成希臘人全部生活中崇尚藝術活動和他們作品中高度藝術水準的簡樸性的首要原因呢？誠然，羅馬人研究過希臘文學，不過這並非是他們生活中的最輝煌時期；即使說希臘文學讓羅馬產生了幾個不能讓人滿意的仿效者，那麼，羅馬的生活也並沒有以這些仿效者為榮。

遺憾的是，皮羅戈夫沒有和我們說，為什麼他堅持認為對於高年級普通人道教育而言，學習古代語言是必不可少的，他只是將自己的信念陳述了出來，並引用了古老的經驗：

第七章　國民教育的基本思想

「在這裡不必多說我覺得即將進入大學學習的人一定要無條件的優先接受古典教育的原因。我僅是想說，我這樣做的原因是我覺得深入鑽研古典語言、本國語言、歷史和數學，是高階教育力量的唯一來源。在這方面我不妨引古老的語言為證，不管反對者並得到發展，培養人理解一切道德上和科學上可能存在的真理。這種學習可以達到這個目的，因為它的對象主要是宗教、言語和歷史所發現的人（自己）的內部（主觀）世界和數學所研究的、與內部世界存在密切關聯（透過抽象概念）的外部（客觀）世界。至於實科教育呢，雖然它透過感情訓練和外部世界的研究也可以讓人的觀察能力和理智得到發展，然而，只是實科教育本身是不可能讓一切高階精神能力得到徹底的發展的。」

要是作者在此可以更明確的表達一下前面所說的強烈的信念，在發展和證明上面所提出的論點上多花一些力氣就好了。不少人會覺得這個論點表述得含糊其辭，而且還沒有證據，因為他們發現了其中存在的一些矛盾。為了證明學習古典語言是有必要的而援引古老的經驗，並因此將古典語言認定為高階教育力量的來源，這樣做不一定是合理的。即使我們列舉出許多在人類史上做出重要貢獻的著名人士和作家，並表示青年時期的他們都學習過古典語言，這也證明不了什麼。既然截至目前西歐的中學和大學的學習都集中在了古典

語言的學習上，那麼歐洲所有具備一定學識的人在青年時期當然都學習過古典語言。實科學校只是現在才在創辦，過去，除了古典學校以外，是沒有別的學校的。所以，只是用古老經驗為根據，是什麼都無法證明的。很多著名人士都是從以死記硬背為基本學習方法的舊學校畢業的，難道由此能夠得出結論：高階精神能力的發展一定要靠死記硬背嗎？為歐洲培養出許多著名人士的古老學校裡，甚至都沒有直觀教學的概念 —— 難道就此可以得出結論：直觀教學是沒有用的嗎？

古典語言學習之所以在西方學校扎下了根，根本和認識到古典語言對發展高階精神能力必不可少沒關係，而是因為歷史上的問題。西歐從漫長的沉睡狀態中醒過來後，努力想從古代迷信的影響中擺脫出來，嚮往光明和科學，然而當時並沒有以現代語言表述的科學，就得向古人留下的遺產求助，但是長久以來，古人的遺產始終被埋在大段大段的用古典語言撰寫的文章中而無人問津。對古典語言的學習由此自然的產生了必要性，後來又成了歐洲學校的傳統。而作者自己在另外一本書裡承認，無論什麼東西都沒有學校傳統那樣得以穩固的保持，一個人往往非常樂意回憶自己的童年以及少年時代，並且多半希望像他本人過去所學習的那樣去對孩子們進行教育。這樣一來，某所學校的偶然做法，即使它本

身在教育中並沒有一點合理性，都會成為學校的法規，這個法規的必要性能夠獲得自古以來經驗的證明，卻無法達到理性的光明。我們認為，在某種程度上，學習古典語言也是屬於這樣一種學校傳統的。作者說，古典教育培養出了很多高度發展的人，卻對古典教育培養了多少腹中空空、只認字母不見生活的書呆子，培養了多少沒有理解周圍實際生活能力的人閉口不談，這是因為現實生活並非以拉丁語或者希臘語語錄的形式出現的。你們可以舉出一些因為對古典語言和古代經典著作的學習而成為高度發展的人，我們也一樣能夠舉出一些因為被這種學習嚴重影響的人。比如，比拚命的追求模仿希臘人，誰也和德國人比不了，德國學者是最酷似希臘人的，原因恰恰就是，希臘人當時是身處現實生活當中，而德國學者則陷在書本的包圍裡面；原因恰恰就是希臘人當時是用自己的眼睛對生活進行觀察，而德國學者則不過是利用希臘和羅馬學者的知識來對生活進行觀察。在我們看來，德國出現的生活和科學的嚴重分裂，正是因為他們靠書本研究古代世界，這種分裂現在已經發展到了令人驚詫的程度，海涅（Heine）曾尖刻的嘲笑了這一點。

　　作者將發現外部世界和內部世界密切關聯這一成就認定是數學的功勞，這同樣是沒有任何用處的；誠然，數學既是屬於外部世界的，也是屬於內部世界的，並且在哲學史上形

成了從前者過渡向後者的過程，但是數學所研究的僅僅是存在的形式，而非本質。學校經驗則將一種奇怪的現象展示給我們：喜愛數學並學有成效的年輕人，往往並不具備在其他學科方面，特別是在文學和歷史方面的才能。有一種極為常見的現象：數學專家終身都帶有某種局限性，他們的頭腦裡，深湛的數學學識常常和最頑固狹隘的偏見以及最原始最怪誕的幻想相安無事。數學研究的不過是世界的形式方面，只能在形式上讓人獲得發展。

作者好像有意這樣說：深入的學習古代語言。我們也對他的這種看法完全同意：對於人類的這種有機的，同時又是藝術性的創造物——語言的學習，比別的任何學習都更能有力的讓高階精神能力得到發展。但是對於自然界的有機的創造物的學習，卻無法產生這樣的效力，正是因為，這些創造物是我們不那麼容易理解的，我們無法像識透語言這種我們自己的創造物那樣，也深刻的識透它們。語言是人類精神的有機創造物，它具有自然界無限深奧的創造活動的一切優點，同時，又便於我們對它進行無限深入的研究。在這一方面，語言過去是，將來也永遠是人類最偉大的教師。在發展人的方面，任何別的科目的學習都不如語言的學習。但是，與此同時也不應該忘記，語言也只是表達精神生活的形式，如果說，語言的邏輯結構對於發展理性而言十分重要，那

第七章　國民教育的基本思想

麼，與之相比，用語言所表達的那些思想還有情感就更加重要了。再說一次，這就是我們為什麼不同意將學習古代語言放在人道教育之首，而認為應當把學習本族語放在第一位。

　　人們可能會對我們說，不深入學習古典語言，也就不可能將本族語牢固的掌握，這種看法我們同意，不過只是部分的同意。沒錯，對古代語言的學習會讓我們對自己本族語的看法更加敏銳，對現代語言的學習也可以發揮同樣的作用。確實，按結構的邏輯性來說，古代語言在某種程度上也許被公認為是語言的邏輯學；當時，對古代語言的學習讓我們不得不借助他人的眼鏡來看待本族語，只阻礙我們學習本族語的，這也是不可否認的事實。我們俄語的語法現在還非常糟糕，就是因為我們是按照古典模式著手構築俄語語法的，如果說我們到現在還不夠了解自己的本族語，我們的寫作到現在還平淡無奇、毫無生氣可言，那正是因為我們強迫本族語屈從他人的語言模式。

　　因為上述這些理由，我們認為，並不是所有希望接受優良的人道教育的人都一定要去接受古典語言的學習，而只是那些準備接受學術性語文教育的人，才得學習古典語言。古代語言對於語言學家而言是他知識的基石，但是不懂得古典語言，也同樣能夠成為高度發展的人。為了讓現代人獲得到一般的人道發展，學習的主課應該是本國語言和本國文學，

而絕對不應該是古典語言。

如同皮羅戈夫所說的那樣，將古典語言知識當成升入大學的必備條件，我們認為這等於為不少人製造沒有必要的升學障礙。如果要求升大學的人都要具備古代語言知識，那當然應該是擁有實實在在的知識，不只是語言知識，還應當對文學相當的熟悉，因為只有具備了語言知識，並對文學十分熟悉，才可以對形成高階精神能力產生較為明顯的教育作用；那種十分可笑的中國式的禮儀有什麼用處？比如按照這樣的禮儀，沒有掌握拉丁語的變格變位的人，就不能報考數學系。如果學習一門語言只是停留在掌握變格變位上，那麼這種學習在我們的精神上就會留下壓制性的、讓人無法發展的痕跡。如果要求報考數學系的人要對古典語言有深入的掌握，將這一點看作精神的人道發展的特徵，看作年輕人具備有效的聆聽大學教程所必需的那種普通人道教育的證明——這更是荒謬至極的，因為，就像我們前面努力要證明的，不懂古典語言的人能夠得到優良的人道教育，而懂得這些語言的人可能是在人道方面最沒有發展的人，我們這裡有不少人就是這方面的例子，精通古典語言的他們卻最缺少人道——常常還是驚人的缺乏。

所以，作者這樣的觀點我們完全同意：普通人道教育一定要作為初等、中等學校，甚至在一定程度上也是高等學校

的主要任務；如果人不首先在人道方面得到發展，那麼實科研究對人就是有壞處的，它會讓人身上的人變得乾枯直至死亡，而且，人道教育甚至對於實科教育本身就像基礎一樣是不可或缺的；而我們與作者的分歧不過是對人道教育和實科教育這兩個詞的意義理解存在差異。在我們看來，人道教育理解、一般的發展人的精神，而不只是表面上的發展；從人道上發展人，不是只能透過學習古典語言，而且還有很多更直接更有益的科目：本族語、宗教、歷史、地理、研究大自然還有新的文學。而實科教育是這樣的：我們在學科裡尋找的並非思想，並非發展和鞏固精神食糧，並非人對自身還有外部世界的觀點的解釋，而只是尋求那些實際生活某個領域所要求的知識，我們將科學視為技能，而非精神食糧和精神的創造物。實科教育和人道教育的材料可以在每一門學科中找到，它們的區別實質上並非學科的不一樣，而是學習方法的不一樣。歷史可以變作實科科學，神學也可以用作實科科學，這種事例屢見不鮮；相反的，可以用算術和化學來發展人的人道精神，甚至學習識字也能夠讓人受到人道教育和實科教育。

　　在教學的人道教育影響中，一定要從本質上對兩種進行區分：學科的影響，還有教學本身的影響。在初等和中等學校當中，教學活動的首要目標應該是人本身，在大學裡則應

該是科學，即使在實現初等和中等教育的目標時，我們還是要學習科學，而在實現高等教育的目標時，我們還將透過對科學的學習發展人道教育。

作者的如下意見我們是同意的：對於語言 —— 這個人的半自覺的藝術創造物 —— 的結構的學習，是精神發展的最好的方式；然而，我們為這種發展所選擇的並非古典語言，而是本族語，並且我們勇於下這樣的結論，只有對本族語的學習，才是通向皮羅戈夫要求教育所要達到的人的自我認識的最可靠的途徑，也是最直接的途徑。我們在向兒童或者少年揭示本國語言的豐富時，也向他本人揭示他早在自己能理解前就已經感覺到了的他自己豐富的內心世界。透過對本國語言學習，我們讓孩子對民族精神有所了解，對民族世世代代的創造有所了解，對可以噴湧出任何一種力量和任何一部詩篇的唯一永生的泉源有所了解。我們之所以沒有將宗教放在人道教育的中心地位，這僅僅是因為它應該位於人道教育之首，還因為在通常的情況下，我們並不會將宗教教育列為一門學科。學科所研究的只是能夠理解的東西，而宗教則將人的精神集中到永恆的、永遠都理解不了的東西上。就像自覺的思想是科學的基礎一樣，每個人與生俱來的信念，則是宗教的基礎。

我們將對歷史、地理、數學、自然科學這些直接揭示人

和自然界的其他科目的學習，安排在對本國語言的學習之後；再往後是對現代外國語的學習，而對古代語言的學習，我們則將其視為只是某一部分教學活動所必需的專門知識。

　　有人會向我們提出這樣的意見，希臘和羅馬的生活是現代歐洲生活的基礎，是人類的少年時期，如果不去研究這個少年時期，我們永遠都不會對現代社會的發展有真正的理解，而無論什麼，在幫助人了解這個民族的歷史方面，都無法和民族的語言相比。這個意見首先是來自關於希臘和羅馬歷史的錯誤的觀點，一句話，是來自對歷史的錯誤的觀點，而這種錯誤觀點的源頭，又是一部分德國哲學家，他們希望不僅將人類的過去，還將人類的未來都列入一般的規律。人是會衰老的，有些民族 —— 而且是不信基督教的民族已經衰老和絕種（還沒有哪個信奉基督教的民族已經絕種了，就算是遭受壓制的希臘民族，也已經實現了復興，並開始了新的生活，復興各民族的泉源存在，並將在將來永遠的存在於基督教當中，無論歷史的命運將各民族置於什麼樣的境遇），而人類則永遠年輕，所以人類的童年和少年是無稽之談。假如我們還要沿用這個牽強的、陳舊的比擬，那我們很可能會將中世紀視為歐洲的童年。歐洲生活的根基並不是希臘，也不是羅馬，而是基督教。希臘人和羅馬人曾經是我們學校的老師，那是在科學復興的時期；現在我們已經成長了，已經

將我們曾經的老師超越了，我們可以自己學習了。我們並不是以此來將學習希臘和羅馬歷史的益處還有必要性否定。課堂教學科目所需要的那種完整性，正是古代世界的歷史所具有的；但是，將我們的所有精力都花在這門學科的學習上是不應該的，此外，我們也永遠都不可能在古典歷史的學習和古典語言的學習之間建立有機的連結。在幫助人了解這個民族的歷史方面，沒有什麼能夠和本民族的語言相比，這種說法完全是公正的；但是，難道我們就能夠指望在我們的中學裡，透過學習希臘語讓學生來了解希臘歷史、透過學習拉丁語來了解羅馬歷史嗎？要麼是我們應當將學校中 90％的教學時間用在古典語言的學習上，將學生的一切精力都集中在古典語言上去，要麼就是這些語言的學習還像從前一樣，對古典歷史的學習幾乎沒有什麼幫助。我們這裡，不只是在中學，甚至在大學裡，這兩門學科的學習都做不到協調一致。中學裡的優秀學生，到了中學課程馬上學完時，才有可能達到勉強的、一字一句的閱讀西塞羅（Cicero）作品中最簡單的片斷的水準，如果是塔西佗的作品，則束手無策，而早在學生們學習 mensa 的變格時，古代史就是一門必學課。顯而易見，這樣的古代史是無法讓學生了解古代歷史的。甚至在學完語文系課程的大學生中間，你能找到多少將兩、三名古典作家所有作品讀完的人？所以，這種為了學習古代歷史，而

必須學習古典語言的說法，等於提出了一個根本無法達到的要求。如果是在學習古代歷史的時候，我們的中學生不用等著將來再學古典語言，而是由老師指導著閱讀古典著作家的作品（即使是譯作），這樣的做法是不是會更好些呢？為了實現達到這個目的而編寫一本專門的經典著作文選，這樣的做法是不是更好些呢？手中的小山雀是不是比天上的仙鶴更好些呢？

我們前面已經說過，作者將古代語言視為升大學必備條件的看法我們並不認同的。我們的觀點是，良好的拉丁語知識和一般的希臘語知識，只應該是那些想要報考語文系的人必備的條件；報考醫學和法律科系的人，只要求他們具備拉丁文的一般知識就夠用了；而不該對希望學習數學和自然科學的人提出具備古代語言知識的要求，即差不多應當回到俄國截至目前有的、並不是明文規定，而是由生活本身確立的制度上來。

中學裡的古代語言課程，應當只面向那些有意願學習的人開設，而且還應該設在最後的三年，在大學語文系的一、二年級，應該拿出一半的時間學習古代語言；法律系低年級開設兩年拉丁語課，培養學生閱讀羅馬法典的能力已經足夠用了；醫學系開設一年拉丁文課，就足以培養年輕人熟悉醫學的拉丁文了。

第八章
談開始學習的時間問題

第八章　談開始學習的時間問題

　　談及孩子的學習問題時，有一點應當注意，那就是兒童無論學不學習，他每天都在發展，而且發展的速度還相當快，一個 6 歲的兒童，一、兩個月的時間為他的精神和體質帶來的變化，要遠遠大於他在 10 歲到 15 歲中整整一年的變化。推測開始學習的最好時間是非常困難的，而且這個問題自然還有待於實踐檢驗；但是，不管怎樣，和早一些開始學習相比，遲一些開始學習是更為妥當的，即使這兩種做法都存在自己的不足之處。

　　假如你在孩子還沒有達到學習的成熟年齡就開始教他學習，或者教他學習某一門內容對他這種年齡的兒童並不合適的學科，那你一定會遇到他的年齡階段天性上的障礙，而能夠將這些障礙克服的，只有時間。你越是執意要和這些年齡上的障礙進行爭鬥，就越會為你的學生帶來危害。你要求他做的，是他力不能及的事：你要求他實現超越自身的發展，然而卻忘記了任何一種有機體的發展，都需要在一定的時間階段內進行，而我們的工作對這種發展而言並非加速，也不是延緩，而只是為這種發展提供健康合適的精神食糧。試問，你又何必這樣努力過早的為孩子講解某方面知識，何必這樣的對自己和孩子進行折磨呢？要知道孩子現在都不能理解你的講解，也許半年以後就很容易理解你了，他只是還需要這半年的時間而已。

最為糟糕的是，兒童在學習上，特別在某一門學科裡過早的遭遇了過高的要求，遭遇了他的年齡所無法克服的困難，他就會失去對自己能力的信心，這種缺乏信心會在他們身上扎下根來，成為根深蒂固的東西，以至於成為他在學習上獲得成績的長時期的阻礙。很多原本是天資聰明但是很敏感、神經易受刺激的孩子，結果變得非常遲鈍而又懶惰，罪魁禍首正是他們過早的接觸學習，這樣的做法破壞了孩子對自己力量的信心，而這種自信心是人無論做什麼都離不開的。因此我們建議，每一位教師，一旦發現孩子即使付出真正的努力，還是學不好某一項新內容的時候，就應當馬上停止這種沒有成效的做法，延遲它到適當的時候再進行。

　　有的教師不具備將孩子提高到理解某門學科的水準的能力，於是就盡量降低這一學科的要求，降低到兒童可以理解的水準，這種做法同樣也是和教學原則不相符的。比如，有的教師說，怎麼可以不讓兒童了解國家歷史發生的那些重大事件呢？於是，為了實現這個目的，他就用兒童的思考方式來對歷史人物進行改編：將斯維亞托斯拉夫（Sviatoslav）們和弗拉基米爾（Vladimir）們變成兒童喜愛的洋娃娃，並十分欣慰的認為，兒童算是了解國家的歷史了。試問，這樣的歷史對於兒童，或者說對於任何一個人來說，又有什麼用呢？難道就為了讓孩子長大成人以後認識到，小時候學校教給他

的東西是多麼的愚蠢嗎？教師為什麼要這麼著急呢？為什麼就不能等一定的時間，等兒童的能力發展到可以理解歷史事件的程度時，再來教授這些知識呢？與其超前教育，不如為了培養兒童可以理解歷史先做些準備，比如讓他們閱讀兒童故事，讓他們學習聖經上的事件，這些知識非常適合兒童現有的理解能力，與此同時，又為孩子今後有效的學習歷史奠定了扎實的基礎。一個教師這樣的做法不是更好嗎？

在將為兒童而歪曲科學的做法否定的同時，我完全贊同將這樣的一些科學知識傳授給他們，無論這些知識是屬於哪門科學的，只要它們不僅是兒童可以理解的（這還不是主要原因），而且還是兒童充實和確立世界觀所必需的，或者對他們訓練智力和表達能力有益。

我前面已經說過了，開始學習的時間，原則上是寧可推遲，也不要提前；但是推遲也是有它負面的影響的。如果不及時的將孩子的精神力量引向學習活動，那麼其往往會朝別的方向發展，將來教師就不得不為克服這種發展方向而付出努力，而且還未必可以獲得成功了。任何一位經驗豐富的教師都會對我這樣一個看法表示同意：學校裡有不少孩子，他們之所以學習困難，就是因為他們開始學習的時間過於晚了，比他們年紀小的同學都可以超過他們。但是另一方面，我同樣也見到過不少的兒童，他們學習成績之所以差，就是

因為上學過早，或者是在家裡過早的讓他們識字了。

　　在德國，五歲多的孩子就進平民學校讀書了，如果你去了幼齡學校，還能看到很多才四歲多的小孩。這些幼小的孩子在那裡做些什麼呢？如果可以讓他們做一些符合福祿貝爾（Fröbel）學齡前兒童教育制度要求的事，那還算是不錯的！如果讓他們坐下來識字，或者讓他們什麼都不做，強迫他們那雙喜愛活動的小手停下來，讓他們習慣了接受枯燥無聊的學校生活的毒害，那就非常的糟糕了。對這類幼齡學校進行充分的觀察後，我產生了一個信念，並且堅定無比：如果學校過去只接收滿 7 歲的孩子入學，那它所得的成績必然會遠比現在的好；而學校接收 5 歲至 7 歲的孩子入學，不僅無謂的損害孩子的健康和自然發展，還因此將學校本身的教學成績基礎給破壞了。但願學校也能夠像醫生一樣不要忘記，它無法賦予人生命力，只能排除生命力的正常發展的障礙，並提供健康的、有益而非有害的食糧。

　　東正教教會允許七歲的兒童來作懺悔，教會根據生理學和心理學，認定兒童的這個年齡象徵了幼年時期結束，少年時代正式開始，言下之意是兒童自覺意識開始發展。那麼少年時代的開始，應該同時也是正確學習的開始。

　　不過，我還是建議，可以嘗試一下讓六歲多的孩子開始學習，並且按照這個年齡的孩子對畫圖的愛好程度，按照他

第八章　談開始學習的時間問題

將自己注意力集中在某個對象上的能力、靜聽別人講述的能力、不是用互不連貫的詞語而是完整的句子表述思想的能力等等，對是否可以開始系統化教學做出判斷。

假如孩子的注意力比較差，說話斷斷續續的不連貫，吐詞困難，那最好就別開始系統化的教學了，而是和他以周圍的事物或圖畫上的內容為話題進行談話，教他將某一首他所理解的歌曲的歌詞背熟，為他以後開始系統化的學習做好準備；透過兒童的繪畫來對他的手進行訓練，教他數手指、胡桃或者小木棍，在孩子還沒有接受系統化教學的條件之前，請不要開始對他的系統化教學。

我在這裡不想討論對解決開始學習的年齡問題具有影響的一些特殊情況，比如兒童的身體健康如何，他家庭生活的條件如何等等。我只是想說明一條：為兒童提供的學習方法越輕鬆，開始學習的時間就越可能提前。如果你打算讓孩子一開始就學識字，那麼，即使到了七歲也還是太早。

第九章
初級階段教學的課程

第九章　初級階段教學的課程

　　學習應當從學什麼開始呢？以前對這個問題的回答非常簡單：不從字母表的學習開始，又從學什麼開始呢？然而，當代合理的教育學在研究這個問題的答案時關注了兒童的天性並指出，孩子年齡越小，長時間進行單一活動的能力就越差，比如走路、坐著、手拿一件很輕的東西甚至躺著，都會很快就覺得疲倦；如果是多種形式的各種活動混雜在一起交替進行，那麼還是那個孩子，可能跳跳蹦蹦嬉鬧一整天，根本不用休息，他那不知疲倦的精神會令成年人大吃一驚。在兒童的心靈活動裡也能夠發現一樣的情況：兒童的年齡越小，長時間進行單一的某種心靈活動的能耐也就越差，但是如果作業能夠多樣化，他就能夠活動非常長的時間。變換作業對孩子的作用甚至要好於徹底的休息，當然，及時的休息還是必不可少的。孩子看起來已經對閱讀疲倦了，他的注意力在減弱，思考理解已經停滯，那就不妨給他半個小時的時間，讓他寫寫、畫畫、數數、唱唱，等到半個小時後繼續閱讀的時候，你就會發現，孩子又恢復了原有的聰明伶俐和專心致志。

　　當然，長時間的進行一個方面的智力活動的能力，無論對哪種學習而言，都是最重要的條件之一；然而這種能力只能循序漸進的逐漸發展；在這方面做過早過分的努力，你只能收到讓這種能力的發展遭到損害的結果，並且，你還會發現，孩子不僅會因此發展停滯，而且彷彿是在後退，好像他

心靈中某一根弦因為拉得太緊而被繃斷了。兒童長時間的從事單一活動的習慣是應該培養的，可是一定要小心翼翼的、逐步的去培養；而在學習的開始階段，你的課越是多種多樣，你要孩子進行的活動越是多種多樣，你就會獲得越大的成績。如果在你的一段持續半小時到兩小時的上課時間內，孩子們又讀又寫又畫，不僅唱了兩、三首歌，又做了幾道計算題，還聽了或者講述了聖經史裡的某個事件，那麼到月底的時候，無論孩子們掌握的知識總量，還是他們在其中任何一門知識或技能中所掌握的東西，都會遠遠超過在整整一個月內老是學習單一的一門知識或者技能所可以掌握的東西。如果他們的課內作業也可以這樣的豐富多樣，那麼，學生在閱讀課上所獲得的成績，肯定要比每堂課只進行單一的閱讀所能獲得的成績好得多。強制孩子只學習字母表，逼著他連著好幾個小時都只學習這一張字母表，而不給他任何別的作業，等他將字母表學會了，再轉入音節的學習，還是同樣的方式的等等 —— 這簡直是最違背兒童的天性的教學方法了。

按照上面說的生理學和心理學規律，當代的初等教育並非只開設一門課程，而是同時開設好幾門的課程：直觀教學、寫字、畫圖、閱讀、計算、兒童手工、唱歌、聖經故事和體操等等，它們穿插進行，讓兒童體力和心靈上的朝氣，以及這個年齡所特有的快活心情得以保持。

第九章　初級階段教學的課程

　　然而，這樣一來，有的母親會提問，如果需要我也同時懂得這幾門課程，那我自己怎麼能夠承擔起初等教學的任務嗎？這種膽怯是多餘的：只要是一位多少接受過一些正規教育的婦女，只要一點點的努力，都可以教授七至八歲乃至九歲的孩子這幾門課程。課程確實很多，不過對於任何一位具有一定修養的婦女來說，孩子從每一門課中所能掌握的那部分非常有限的知識，是十分簡單淺顯的。比方說，即使她的歌唱能力非常一般，但是只是要她掌握三、四種祈禱文的音調和十來首適合兒童演唱的歌曲，自己根據聖經準備二、三十篇舊約和新約中的故事，掌握指導五、六種福祿貝爾制的手工，會畫方塊圖，對十個初等體操動作有仔細的了解等等，這難道會有多困難嗎？對於受過正規教育、希望自己來對孩子進行初級階段教育的母親而言，可能讓她感到為難的總共不過就是這些。

　　但是，初級階段教學的課程越是多種多樣，所有這些課程就越是必須由同一個人來教授，或者至少大多數課程都是由同一個人教授。如果你準備一位教師任教一門課程，那最好把課程的數量減少到最低的限度。其實，只有所有這些課程並不是各自獨立的，而是全都在一個成年人合理的影響中融合，由他向兒童的活動提供養料，將一切這些形式多樣的活動引向那個唯一的合理目標 —— 讓兒童的體力和心靈機制

獲得全面而科學化的發展，為他以後學習每門獨立課程打下扎實的基礎，只有達到這樣，初等教學課程的多樣化才可能是有益的，而且甚至說是必不可少的。

　　俄羅斯有一個諺語：「保姆有七個，孩子反倒沒人管。」這個諺語對初級階段教學同樣適用。教師量很多，他們個個都對自己這門課程十分熱心，於是都會將各種知識和技能像填鴨一樣灌輸給兒童，但是兒童的智慧眼睛還是閉著的。總而言之，學習的課業越多樣化，講課的人越少，對初級階段的教學就越好。

第九章　初級階段教學的課程

第十章
初級階段教學的組織

我這裡要講的教學組織，指的是：課時分配、課時延續的時間；同一班級或同一家庭中年齡、知識和發展不一樣的兒童之間課時的分配。

　　我的主張是寧可晚一些開始教學，並且一開始指定的學習時間應該盡可能的少一些；但是，從一開始，教學就一定要將學習與遊戲分開，並讓其成為孩子的一項嚴肅的任務。當然，以遊戲的方式來教孩子讀和寫是可以的，不過在我看來，這樣的做法是有害的，越是長久的不讓孩子嚴肅的進行課業時間越長，將來讓他轉而從事嚴肅的課業就越難。初級階段教學的任務，就是讓嚴肅的課業吸引孩子。無論哪個健康的孩子都是想要活動的，而且還是嚴肅的活動：他和自己同齡小朋友一起玩耍的興致，並沒有幫助父親或母親做一件正經事的興致高，只要這件事是他力所能及的，要求的時間沒有超過他這個年齡所能承受的限度。所以，從最開始的幾節課開始，就應該讓孩子學會熱愛自己的責任，並在執行責任中發現樂趣。

　　為了實現這個目標，我認為應該從教學的一開始，就指定學習的時間和地點（這個建議當然只是針對家庭教學的）。學習必需的書籍和用品應該都擺放在指定的地方，不是上課的時間不許孩子隨便動，請記住：如果破壞了這些簡單的規則，上課的時間都被經常忽視或者隨意變動，那麼你就已經

在孩子的心靈當中播下辦事雜亂無章的種子，這些種子會隨著時間的推移而發育長大，孩子的一生都可能為它所毒害。為了替孩子們上課，你可以從你的一天時間中吝嗇的騰出有限的時間，然而，時間一旦騰出，就絕對不要收回。一定要小心，不能讓孩子養成蹺課的習慣，因為那樣一來，他每一堂逃不了的課，都會成為他沉重的負擔。

當然，如果你讓自己的課非常有趣，你就用不著擔心孩子們會覺得厭煩，不過還是請記住，在教學當中，並不是一切東西都是具有趣味性的，其中肯定還是有枯燥乏味的東西。應當教育孩子，要不僅習慣於做他非常感興趣的事，也要習慣去做他並不感興趣的事——以執行自己的責任為樂趣而去做。你要讓孩子做好對未來的生活的準備，而在生活中，並不是一切的義務都是如此富有情趣的；如果你的孩子在滿 10 歲以前，都始終採用遊戲的方式進行教學，那麼在他將來不得不完成那些嚴肅的，有時是非常乏味枯燥的學習任務時，就會飽嘗極大的、由你現在一手鑄成的痛苦。

至於上課延續的時間，在最開始的階段，每天早晨一小時、下午半小時就足夠了。到了第二學年，可以在每天早晨增加半小時，也就是一個半小時，下午則增加到一個小時；到了下一個學年，一上午學習兩小時，如果還不到九歲的兒童，每天上課的時間最多不能超過三小時。一開始的階段

要每隔半小時，隨後要每隔一小時就要讓孩子進行充分的休息 —— 讓他去跑一跑、玩一會，並且讓他養成按時迫使自己停下遊玩，開始學習的習慣。

　　為這種年齡的兒童設定課外作業是害處非常大的，只有那些超過九歲的，還必須是已經接受了幾年良好的課堂教學預備階段的孩子，才能向他們安排少量的課外作業，不過請注意，現在俄國大部分學校裡的孩子們，都不得不做這樣的課外作業。我們自己也可以回憶一下，為了這些課外作業，我們每一個人曾經流過多少眼淚，遭受了多少的磨難，而它們為我們帶來的好處，又是多麼的微不足道，可以忽略不計。對教師來說，用手指甲或鉛筆來指定書上的某一頁，要求學生在下一次上課之前背下來，簡直易如反掌。但是，請你看一下，那些過早的自己處理一切的孩子，是怎樣苦苦的攻讀這令人厭煩的一頁，怎樣生吞活剝的死記硬背，怎樣不得不花上十倍的勞動，只是因為不具備這方面的能力，怎樣搞得臉、手還有練習本上墨跡斑斑，又怎樣為了某一個難讀的字母而傷心得痛哭流涕 —— 你就會知道了，有時候在孩子們臉上看出來的那種厭學心理是怎麼來的。此外，請你記住，你用你的作業，不僅是將孩子做作業那段時間的心情給破壞了，而且還是將他整個晚上，甚至有可能整整一天的心情都破壞了，他即使是在玩，只要一想起還沒背出的那幾行

字或者那頁墨跡斑斑的書，就會臉色蒼白、渾身戰慄。如果我們覺得學齡兒童的生活全都是屬於學校的，那我們就大錯特錯了；事實並非如此，學校在兒童自然發展的過程當中只是占極少的一部分時間，大自然和家庭生活對兒童的自然發展的影響，要遠遠超過學校的影響。學校沒有干涉其他領域的權利，也沒有透過作業的方式來妨礙人類的另外一些偉大的教育者 —— 人自然和現實生活 —— 給予影響的權利。

所以，在初等教學階段，兒童應當在教師的監督和指導下完成全部的作業，教師首先應教會兒童學習，然後才可以將學習任務交給兒童，讓他們自己獨立去完成。

這種在課堂內由教師指導著學習功課的方法，會有很多的好處：第一，就像我說的，這樣的上課並不會影響到兒童在家裡接受周圍的人和自然界的影響，也不會對他的食欲和睡眠造成影響，也不會破壞他做遊戲時的興致。第二，設定作業的教師能夠對兒童是如何完成作業進行觀察，在這個過程中也許還能發現自己在教學中的錯誤。等三，教師對正在做作業的孩子進行觀察的時候，也是對他進行研究了解他的好時機，他能夠發現孩子學什麼覺得容易，學什麼覺得困難，並且能夠預先防止任何一種錯誤的理解，要知道錯誤的理解常常透過死記硬背而變成智力上的缺陷，而到將來還得花力氣去將這種智力上的缺陷根除。第四，兒童在教師的指

第十章　初級階段教學的組織

導下學會學習，在初級階段教學裡，這一點的重要性甚至要超過學習本身。

　　有人可能會這樣說：規定的上課時間這麼少，又不能安排課外作業，這樣根本學不了多少東西的。這麼說是對的，不過要求學生學習的東西也確實不多。如果是一名兒童每天學兩至三小時，連續學習三年，而且始終都在合理的學習，那麼，他對將來學習中學的課程就有了充分的準備，而現在在那些十歲的、去參加入學考試的孩子當中，具有這樣充分準備的幾乎沒有。我們的這名兒童將具備這樣的能力：說話表達清晰，有條有理，朗讀流暢，清楚的理解所讀的內容（當然，所讀的內容要不超過他的接受能力），可以迅速敏捷的計算四則範圍內的心算和筆算，熟背 20 到 30 首詩，可以講述 20 到 30 個小故事，可以條理清楚、準確出色的筆錄內容簡單的思想陳述，並且能標出主要的標點符號，沒有重大拼寫錯誤，舊約和新約的故事能講 20 到 30 則，能畫出普通的物品（儘管一定要先打方格），畫出自己的房間、家園、所處的街道、城市或鄉村的草圖，並將這幅圖畫描述出來，或者像德國人所說的那樣，這叫作「讀圖畫」。然而，最重要的其實是，兒童上中學時已經具備了學習的能力和渴望，可以相當長時間的集中自己的注意力和具有迅速掌握知識的能力，而那些缺乏學習習慣的孩子則需要很長時間才能掌握。

對於 10 歲的孩童來說，這一切完全足夠了。

　　有人會提出這樣的問題，為什麼有些地方開始學習的時間，要早於我主張的時間，花費的時間也要多於我規定的時間，而且還安排課外作業，然而結果大部分學校卻連我上面說到的成績的一半都沒有達到呢？這裡面的原因恰恰就是他們將兒童生活中的很多時光強占而來，又將時間中的大部分白白浪費掉，既不利於學習，又危害孩子身心健康的發展。其原因還在於，俄國的初等教學是這樣組織的：孩子一天當中，要坐在課堂上四個小時甚至更長的時間，在這四小時當中，他要是能真正學習 15 分鐘最多 20 多分鐘就算很好的，而如果是這一天連一次提問都沒有的幸運兒，那就是一分鐘也沒有學習就從教室走出去了。我們把兒童生活中的許多時間都給占用了，讓我們問心有愧的是，我們不僅這一段對人的發展十分寶貴的時光白白的浪費了，還常常因為強制兒童一動不動的坐在教室裡忍受煩悶的煎熬，而極大的影響了兒童的身心。如果我們組織安排的每一堂課，都能讓每個上課的孩子自始至終都真正的處於積極活動的狀態，那我們可能就會發現，我為上課安排的時間不是太短，而是太長，儘管親身經歷的人都會覺得每一段內容充實的時間都過得飛快。我們會發現那些孩子們課後會覺得疲倦，但是造成他們疲倦的，並不是煩悶和一動不動的乾坐，而是學習，並且還可以

發現，我們在一個小時當中做了很多事。我深信，教育方法的不斷完善會讓我們對時間的利用更為有效，隨著時間的推移，即使現在在最好的學校裡所指定的用於初級階段教學的時數，也一定會顯得太多。

　　俄國從事識字教學的初等學校都總在抱怨，因為一個班級的兒童一年中入學的時間先後不一樣，無法面向全班學生進行有系統的上課。當然，如果兒童入學的時間就是這樣沒有明確的規定 —— 今天送來一個，過了一週又送來一個，整整一年中，就這樣陸續不斷的有學生被送來 —— 任何系統教學都是無法建立起來的。不過出於方便家長的考量，這種學校應該規定一年中的接受學生分為三批，再將一個班級分成三個小班。按程度高低把班級分成三個小班的做法，不僅沒有害處，甚至還是非常有好處的，只要教師擅長在為一個小班上課的同時，為另兩個小班安排有益的、他們可以自己完成的練習。我曾在瑞士見到過一些十分優秀的學校，那裡的教師可以同時為六個不同年分入學的班級上課，並同時傳授六年制學校大綱規定的六門不一樣的課程。即使我沒有要求我們的教師進行這樣緊張而又多樣化的教學，因為只有經過專門的訓練才能勝任這種教學，但是，對於任何一位知書達理的、從事初等教學的人而言，同時擔任一個班內三、四個人數較少的小班的教學，在為其中一個小班授課的同時為另

外的小班安排自學練習，尤其是這些教學內容都在俄國初等學校教學範圍，我覺得並沒有什麼困難可言。一些學生在書寫，另一些在閱讀，還有一些在做算術題，一些在聽教師的授課──這才是學校最為正確合理的教學活動，它不僅不比教師本人自始至終向全班學生授課的那種做法差，而且還是大人的勝過。

從前經院式學校把學習的所有負擔都壓在兒童的肩上，授於教師的只是一把戒尺，好可以對那些偷懶的學生進行管教。學校後來又陷入另一個極端：它把所有的負擔都壓在了教師身上，逼著他教育發展孩子，但又一定要讓孩子不費吹灰之力就能實現這種發展。和這兩種學校正好相反，新的學校對教師和學生的負擔進行合理的分配和組織：它要求孩子們盡可能的獨立的學習，教師則指導這種獨立學習，並為其提供材料。

所以我認為，一個班級如果由根據發展和課業不一樣的要求而依次排列的幾個小班組成，和由發展上和知識上屬於同一層次的同歲兒童組成相比，前者甚至能夠為正確的教學活動提供更多的有利條件。此外，要是教師可以適應在同一間教室內同時為幾個班級進行複式教學，並且真正的進入自己的角色──兒童獨立學習的指導員，那麼他就具備了對同一批孩子連續進行教學兩、二年的能力，而這正是初級階段

第十章　初級階段教學的組織

教學獲得出色成績的重要條件。在初級階段教學中,如果同一個時期內有好幾個教師授課,而且學生還每年都換教師,這就會導致很多損失,因為這樣會讓教學不再具有教育兒童和發展兒童的作用。

這一意見對家庭教學也是適用的,不過是在這樣的情況下:為了節省開銷,家長向不同年齡的孩子傳授同一門課程,這樣的做法是極其有害的,因為它耗費了一個孩子過多的精力,而同時卻有另一個孩子的能力沒有得到應有的訓練,而且這樣的教學,有可能在同一個家庭的孩子之間激起極其消極的情感 —— 妒忌、虛榮甚至充滿了怨恨,而這本應當是充滿兄弟友情的場合。只要男女教師不向孩子留課外作業,並且擅長為一個孩子授課的同時讓另一個孩子自學,那麼,孩子年齡上的差異絲毫不會成為障礙,相反還會對和他們同時一起上課是有幫助的。

在編寫教科書的時候,我正是考慮到讓教師有可能同時為幾個孩子或幾個小班授課,因此,從課本的最開始的幾課開始,我就提供了供孩子獨立活動用的練習。

第十一章
談小學的最初幾堂課

第十一章　談小學的最初幾堂課

　　為剛入學的兒童上的最初兩、三堂課，可以用來在他們當中建立某種秩序，比如教師進行自我介紹，讓兒童互相認識，並讓他們對學校也有所了解；因此與其說這幾堂課是上課，還不如說是進行談話。這種談話的語氣應該盡可能的隨便。教師和兒童交談，應當使用他們在家庭環境中習慣了的語言，當然家長們有時會使用的那種粗話一定要避免。如果入學的孩子說的是一種特殊的方言，那麼教師也應該說這種方言，並對他們進行逐步引導，讓他們理解全俄標準語。不必對孩童含糊不清的話語做任何的模仿，但是也不應用對待大人的方式和兒童交流。我們那些表示親熱的小名：柯里亞、瓦尼亞、瑪莎也是都適用的。

　　教師提問時應當面向全班所有的同學，然後叫出一個孩子的名字，這個孩子就應該進行回答。在最開始的幾堂課內，教師一定要教會孩子適應這種問答形式。如果是新的問題，不是那麼容易回答的，教師就請一個反應敏捷、比較能幹、發展較快的孩子來回答，這類孩子的回答可以讓膽小的孩子感到安心。對孩子的不正確回答，教師可以進行糾正，但是只需要糾正主要的方面就可以了，而且不能過分強求，這時候請別忘記，說話中的不良習慣和缺點不是一朝一夕就能徹底都糾正過來的，如果讓孩子確信自己能力很差，完成不了向他提出的要求，那是非常有害的。

在最開始的這幾堂課內，教師還應當培養兒童按照口令和全班共同完成某些動作的習慣，這些動作是非常有好處的，不只是因為這些動作讓兒童可以活動和伸展一下因為久坐而疲勞的四肢，還因為這些活動對教師激發學生的注意，並讓全班學生的注意力都集中在教師的話語和動作上來有很大的幫助。這樣的動作不用太多，但是一定要簡便好做：起立、坐下、雙手放在桌上、雙手還原、舉起左手、舉起右手、離開凳子、換座位、第一排的學生起立、第二排的學生坐下等等。如果教師可以教會兒童能夠按照無聲的口令及各種暗號做幾個這樣的動作，效果就更好了。

可以讓全班精神振奮、和諧一致最好的辦法，就是全班一起唱歌。一旦發現學生出現了疲乏、注意力不集中、打呵欠、精神不振、耍小頑皮等現象，就不妨讓他們唱一首歌 —— 一切就會恢復秩序井然，孩子們的精力就會重新恢復，又可以像之前一樣開始工作。

如果教師不會唱歌，那教孩子們全班一起唸祈禱文、朗誦詩歌或者讀讀諺語也是可以的：這也是一種可以讓疲乏厭倦、精神不振的班級重新振奮精神的方法，在某種程度上也是能夠作為唱歌的替代品。

我是不建議學校從最開始的幾堂課就開始教讀和寫的，因為無數新的印象已經讓剛入學的孩子眼花繚亂了：應該給

他時間讓他進行仔細觀察，習慣自己的新環境，然後才可以指望他將注意力集中在學習上。

　　最開始的幾堂課上可以用給兒童看幾張圖畫的方式吸引他們加入談話，為他們示範，教會他們怎樣數手指、用幾根小木棍將教師在黑板上畫著的簡單圖形拼出來等等。如果教師還要為另一個班級上課，也可以提早讓新生放學，但是絕對不能讓他們覺得可以坐在教室裡無所事事。

第十二章
談直觀教學

第十二章　談直觀教學

　　促進兒童口語的發展，毫無疑問是俄語教師一項主要的職責。當然毋庸置疑的一點是，發展口語的唯一途徑就是練習。因此，俄語教師一定要讓兒童進行口語練習，並且為這些練習提供指導。這項工作之所以基本成為他最重要的職責，還因為書面言語是以口語為基礎的，而口語又是以思維為基礎的；所以，俄語教師承擔著為兒童提供能夠喚起思想並激發用言詞表述這個思想的練習的責任。如果不給孩子看一樣實物或者這種實物的圖像，那你準備用什麼來激發他的思想，並讓他能夠說出具有獨創性的一番話來呢？因此，直觀教學被我列入俄語教師的職責範圍，並且置於書寫和閱讀教學這兩項工作之前，即使這三項工作毫無疑問應該同時進行。

　　在俄國，對直觀教學的問題的討論不少，文章也寫了很多，但是在讓它在學校和家庭中得到貫徹的實際工作，哪怕是緩慢的貫徹的，卻基本上是一片空白。在俄國，甚至連直觀教學本身好像都沒有被順利的接受，出現了很多的反對者。在我看來，上述現象恰好可以完全證明了這樣的一點：我們對高階的思想領域的津津樂道十分熱衷，卻對教育不屑一顧，從來不肯花時間仔細研究一下初級階段教學的思想本身，以為這項工作要麼是太容易，要麼就是過於微不足道，所以初級階段教學的思想在俄國好像還處於某種還沒固定的形式，一直都是模糊不清的，還沒有滲透自覺意識之光。否

則我們就應該把直觀教學列入在給兒童上最開始的幾節課時必不可少的、一定要做的事。

　　什麼樣的教學是直觀教學呢？就是這樣一種教學：它並非由抽象的概念和詞語構成，而是以為兒童直接所感知的具體形象為根據，而這些形象可以是在教師指導下的孩童直接在課堂上感知的，也可以是孩童在上課之前透過自己的獨立觀察而感知的，因此，教師可以認定在孩童的心靈中已有一個現成的形象，並且以此為前提和基礎而進行授課。

　　這種從具體到抽象、從表象到思維的練習過程是十分自然的，並且是以明顯的心理學規律作為基礎的。所以，只有否定教學一定要適應人的一般天性，特別是兒童的天性的人，才會對上述學習過程的必要性表示反對。

　　在人天生的內部思想力指導下進行的所有思考過程，只能由我們從外部世界感知到的那些要素組成。思想是屬於我們的精神的，而為加工和表述這個思想提供材料的，只能是我們所看見的、感覺到的外部世界，除此以外，再沒有別的來源了。我們的一切語言，都滲透著這些源自外部物質世界的影響。

　　所以，我們從外部世界透過直接感知獲得的形象，是我們的思考能力對之進行加工和利用來進行加工的唯一的材料，即使加工所得的思想是屬於我們的。

第十二章　談直觀教學

　　雖然我們永遠都不可能，連說一句話都不可能將我們所使用的材料徹底擺脫，然而，在我們展開科學研究的時候，我們已經慢慢的養成了擺脫它們而進行抽象思考的習慣。但是兒童呢，如果能夠這樣表達的話，他是以形狀、顏色、聲音，總而言之是用感覺來思考的。如果有誰試圖改變兒童的思考方法而壓制兒童的天性，那他一定是會枉費心機的，同時還會對兒童帶來危害。如果能夠讓初級階段教學做到有聲、有形、有色彩，簡而言之，讓它為兒童的感覺盡可能大量的接受，那麼，我們就可以讓我們的教學適應兒童的接受能力，並且我們自己也對兒童的思維世界有所了解了。

　　我們所作的結論是否準確，我們思考的是否正確，首先是由我們用來得出邏輯結論的資料是否準確決定的，其次，也是由推論本身是否準確決定的。不管我們的結論在邏輯上多麼的準確，如果我們從外部感知的資料是錯誤的，那麼結論一定會是錯誤的。初級階段教學應負的職責由此產生 ── 教會兒童對事物進行準確的觀察，用盡可能準確的、完整的、鮮明的形象豐富他的心靈，這些形象以後就會成為他思考過程的因素。

　　任何一種沒有僵化、並非無的放矢的教學，都會考慮到對兒童適應生活的能力進行培養，而生活中最重要的，是擅長從各個不同角度對事物進行全面的觀察，透過它所處的諸

多關係來認識它。如果我們可以進行深刻的研究，人身上的什麼東西，一般是被稱為美好的、甚至是偉大的智慧，那我們就會發現，這主要是指從事物所處的客觀現實、周圍的一切關係入手，全面的認識、了解事物的能力。既然教學要求發展兒童的智慧，那它就應該對他們的觀察能力進行訓練。

在我們自身的記憶中，那些保持得非常牢固的東西，通常都是我們經過親身觀察而感知到的那些形象，而且在這個銘刻在心的畫面的協助下，我們甚至能夠輕鬆的、經久不變的將一些抽象的思想召回，如果沒有前面的那些形象，我們可能早已經將這些抽象的思想忘得一乾二淨，誰對此沒有親身的感受呢？

兒童的天性顯然對直觀性尤其需要。如果你教給孩子五個生字，他為了將它們記住，就得花費好長時間，還是徒勞無功的；但是，如果你是在講解掛圖時用上了二十個這樣的生字，那麼孩子卻可以一聽就記住了。你將一個非常簡單的思想講給孩子聽，但是他就是無法理解你的意思；如果你將一幅複雜的圖畫向這個孩子講解，他卻能夠馬上就理解。你不妨這樣做一下實驗，為兩個才能一樣的孩子講述同一個事件：一個孩子是用圖畫的方式做講解，另一個孩子則不用圖畫 —— 這樣你就會領悟圖畫對於兒童的所有意義。

展示圖畫和按圖敘述，都是教師拉近與兒童距離的最好

方式。除了向孩子們展示圖畫和為他們講解圖畫這兩種方法，你是沒有辦法將隔離成年人和兒童、特別是隔離教師和學生的那堵牆迅速拆除的。假如你走進的是一個難以使之開口的班級（而在我們這裡這樣的班級隨處可見）── 只要一展示圖畫，班裡的同學就都會開口了，而更為重要的是，他們說起話的是輕鬆、隨便的狀態，這恰恰是俄語教師所需要的，只要他沒有縮小自己的責任到只教孩子讀書、寫字和正字法的範圍。

在直觀教學的進行過程中，可以說教師是直接參與了兒童語言的形成進程，並且能夠為這個過程提供指導，同時，由那幅圖畫來完成主要的工作：它可以對錯誤的修飾詞進行糾正，對結構紊亂的句子進行調整，一句話，實際上它輕而易舉的承擔了教師的一部分工作，而教師透過言語要想完成這部分工作會是非常艱難的。

在德國和瑞士，關於直觀教學已經沒有任何的爭論了；有爭議的不過是應該將直觀教學作為一門獨立的學科開設，還是只是讓所有科目的教學都貫徹直觀性就行了。我認為最實用的辦法是，最開始的階段直觀教學單獨開設，直到孩子們讀書不覺得費力並讀得相當順利，然後直觀教學就可以和學校所用的讀本的講解結合在一起了，當然，這種辦法只有在讀本本身與系統直觀教學的要求相符時才可以使用。在編

寫《祖國語言》時，我就考慮到了這一點；不過，書中安排的圖畫當然只能讓部分的閱讀具有一定的直觀性。

至於在小學一年級將直觀教學作為一門課獨立開設，我只能闡釋這是一種迫切的需求，但是卻不能為滿足這個需求提供什麼。出版一些供直觀教學用的大幅圖畫花費昂貴，但是我們的社會和學校又缺乏對這些圖畫的迫切需求性的認知，所以未必有人肯下定為這項工作支付一大筆資金的決心。因此，我只能向從事初級階段教學工作的俄語教師提出如下的一個建議：請設法找到幾十張還可以用的舊圖畫，它們的內容應該可以吸引孩子們參與交談；風景畫、描繪動物和植物的畫、描繪大眾生活中一些場面的畫等等都可以用。教師可以為按圖談話編制一個提綱，並且進行這些談話要做到從容不迫的，但是千萬不要有過分繁瑣的細節，這會讓學生感到厭煩。不要讓兒童提前就看見圖畫，也不能把圖畫掛在教室裡，這樣孩子們就會失去了興趣。由教師一幅接一幅的把圖畫帶進教室裡來，當講完了一幅圖畫的內容，並且孩子們已具備了按照他們年齡的程度來敘述這幅圖畫的技能的時候，教師就要開始一幅新的圖畫了，就算是這樣的直觀教學，能夠獲得的成績也將是非常可觀的。但是，希望教師們不要以為直觀教學就應當辦成這樣。正確的直觀教學是擁有自身的體系、規則和方式的，我認為在這裡詳細介紹這些內

容是多此一舉，因為俄國暫時還沒有發展這種直觀教學所需
的資料。

第十三章
談課堂講述

第十三章　談課堂講述

　　教師進行口頭講述，學生仔細聽完後進行轉述，這樣的講述是初級階段教學必不可少的補充。和閱讀相比，兒童對聽是更感興趣的，因為在最開始的兩、三學年裡，閱讀過程本身容易讓兒童感到疲勞。此外，一定要讓兒童不僅能讀，也能用心的聽講，並能將聽到的內容掌握和轉述出來。

　　教師中沒有多少可以掌握課堂講述藝術的人，這並不是因為這是一種極為罕見的天賦，而是因為要讓自己具備徹底符合教育學的講述能力，即使是天資聰明的人，也得付出極大的努力。

　　符合教育學的講述，不僅應該與別的任何講述一樣，應該是生動有趣的，而且還應該包含真正的教育特性：它應該是非常容易的印入兒童的腦海，應該在故事講到結尾時，讓兒童還對故事的開始和中間的內容記憶猶新；讓兒童只記細節而沒有抓住主要內容，或者覺得主要內容因為缺少細節而枯燥乏味，都是不應當的。

　　只要是兒童可以理解的內容，都能夠充當講述的題材，要是教師自己累積的兒童故事不夠，也可以在兒童書籍和文選中挑選材料。但是對於這種借用來的故事，教師不僅應該提前掌握好，而且還要全面的加工，讓學生聽了教師的講述，完全不會聽出有別人的句子。

在前面我已經介紹了怎樣由全班學生一起複記書中讀到的故事和童話的過程，同樣也可以這樣來複記教師口頭講述的故事。起初全班學生一起回憶教師的講述，然後所有的學生都應該重複這篇講述。對我而言，用聖經故事作為例子來介紹怎樣進行講述的方法更方便，因為聖經故事只是在內容方面以及部分的在敘述口氣上和別的故事不一樣。

　　不應該用學究式的、書卷氣的口氣來敘述聖經故事，但是應當十分嚴肅和誠懇；在講述別的任何故事中，都可以恰到好處的穿插一下笑話以及俏皮話，但是講述聖經故事時則絕對不可以的。不過，即使講述的口吻嚴肅，也不應該讓講述的整體是枯燥乏味、缺乏生氣的。

　　在俄國國內和國外，我都有幸聽到過一些教師相當成功的講述聖史事件的課，聽他們講述的這些事件，彷彿是他們昨天才看到或聽到的事，而不像在很久以前發生的。教師自己對所講述的事件所表現出來的興趣，將孩子們對故事的興趣激發出來，教師言語中所表達的信仰，感染了孩子的心靈，也產生了同樣的信仰。

　　不過，無論怎樣也不能指望透過最開始講述幾次聖經的故事，就可以把聖史上重大事件的全過程都向兒童介紹了。七歲至十歲甚至年齡更大一些的兒童，是無法理解對如此大量廣闊的題材所做的評述的。他們只是剛具備了能夠觀察一

件不太複雜、時間不太長的事件，並理清其頭緒的能力。因此，應當介紹新約和舊約中的某些具體事件，作為最開始幾次講述聖經故事的題材。在國外的一些優秀學校裡，第一學年內（六歲到八歲的孩童）時講述的故事不會超過第二學年，這時又將這些故事重講一遍，但是會有新的補充和講解，然後再增加十到十五則新的故事。第三學年會將前兩個學年中的所有故事重新講述，也會有新的情節和講解補充進來，如此這樣。只有到了讓兒童一個個具體而形象的銘記在心的聖經故事，累積到能夠用一條共同的線索將其穿起來的時候，才是教師可以開始有系統的傳授聖史的時候了。

後來這種教學方法得到了推廣，並被運用在普通歷史的講授中，這種方法在心理學上是依據的。

兒童的心靈還沒有被大量的印象填滿，它可以輕鬆的掌握任何一種具體的形象，與此同時，他們對抽象的語言無法理解，也不具備學習歷史所必需的那種連貫性。到了將來，兒童現在所感知的這些具體形象，才能作為建立宏偉的歷史知識大廈的材料。如果誰打算提前開始這座大廈的建造，實際上是向兒童的心靈提出了一個滿足不了的要求。

所以，教師在向兒童講述聖史上的具體事件時，所需要考慮的只是 —— 為將來大廈的建造提供堅固的材料。這些材料越是在兒童的心靈裡牢固的扎根，兒童就越是可以自如的

掌握這些材料，這些形象越是鮮豔清晰，將來建造大廈就越是容易、方便以及迅速，建造的大廈本身也會堅固。這就是已經講述過的聖經故事在以後必須多次的重複講述的原因，這並不是為了讓遺忘的內容得到恢復（如果忘了什麼就太不好了），而是為了避免遺忘發生的可能性。

為了讓遺忘的內容得以恢復而複習，這本身就說明教學中是有問題的，也顯示學校教學大體上做得非常糟糕。教學糟糕的學校和品質糟糕的建築物一樣，得不斷的進行修理，不斷的進行改進，卻永遠都完善不了；好的學校則不一樣，它持續的複習已學的內容，從來都不需要修補。兒童本身對複習曾經熟記但已遺忘的內容是極其討厭的，但對講述和轉述他們已經記住了的內容非常喜歡。我所指出的兒童的這種天性，請善加利用，持續進行防止遺忘的複習，好永遠都不必去複習遺忘的東西。遺忘，在某種程度上來說也是一種壞習慣，如果兒童被灌輸了很多卻毫無條理可言的內容，他們往往會很快就忘記了，這樣的兒童將來的記憶力就會非常糟糕。

俄國的學校有一個非常大的缺點就是遺忘，他們向兒童大量的灌輸內容，卻幾乎不去過問灌進去的東西當中，有多少是印在了兒童的腦海裡。如果學生忘卻的少於教師給他們的還算可以；可是如果是一樣多，那麼他的頭腦裡就是空空

蕩蕩，而比空空蕩蕩更糟糕的是，學生就此養成了什麼都掌握得不牢固、遺忘卻很迅速的習慣。

　　至於每一則個別的故事怎麼樣傳授，有多種多樣的方法，不過不管怎樣，教師都要提前對自己的講述進行周密的思考，如果還沒有講述的習慣，甚至可以把它寫出來，不妨選擇某一則聖經故事（按聖經中的原文是最好的），你先自己仔細的讀一遍，設想一下，哪裡一定要向兒童進行講解，然後分別將第一次講可以進行敘述和講解的內容，還有第二次、第三次講同一則故事時可以進行補充的內容作上記號。

　　某一事件第一次講述的時候，只介紹它的要點以及兩個生動有趣的細節就可以了。如果第一次就詳細的講解事件，介紹了過多的細節，那麼在兒童的腦海裡整個故事都會化為烏有。一開始時可以在他頭腦中少印入些東西，但是一定要記得扎實，以後才能在這個擁有牢固根底的基礎上一點一點的補充，建造起一棟大廈。

　　在將一個故事講述給兒童聽時，那些構成故事實質內容的事實、人名和表達法是應該著重強調的，講述結束後，可以向孩子們提出問題，開始時應該提讓孩子們可以透過回答將故事的要點轉述出來的問題，然後才是另外一組包含故事所有細節的問題。

這樣一來，孩子們利用回答你的問題，而完整的複述了你的故事，你這時才可以要求學生中能力最強的將聽到的內容有系統的、連貫的講述一遍。在聆聽學生講述時，你要盡可能的不去糾正他，除非發現他出現非糾正不可的問題，比如偏離了主題，他遺漏一些不那麼重要的細節是可以允許的。當一個學生敘述完了，再讓別的學生對他的遺漏之處進行補充，結果呢，就像我前面已經說過的那樣，全班學生共同努力，完整而準確的重現了整個故事。

　　對於孩子們已經掌握的故事，應該盡可能經常的複習，教師可以在每次重複講述時，加進去一些新的講解和補充。

　　一段時間以後，比如在第二學年，教師重新講述那個兒童已經掌握了的故事，並補充一些新的、他們還不了解的細節和情節進去，這種做法是非常好的。學生們應該（而且很容易做到）指出教師在這次講述裡補充了哪些新的內容，這樣一來，這個新補充的內容就會在孩子們的記憶之中深深的扎根了。

第十三章　談課堂講述

第十四章
談初級階段的語文教學

教兒童學習本國語言的目的有三個：第一，讓學生那種天生的、被稱為語言能力的精神力量得到發展。第二，引導學生自覺的將本國語言的瑰寶掌握。第三，讓兒童們將這個語言的邏輯，即有著自己的邏輯體系的語法規律掌握。

　　這三個目的並非先後依次實現的，而是一起實現的。為了敘述得清楚，我要分別講一下如何實現這三個目的。

一

　　第一個目的是語言能力的發展。語言能力是人的一種天生就有的精神力量，所以，它像所有體力和精神力量一樣，只能透過練習來得到增強和發展。教師要想讓學生的語言能力得到發展，就要持續的鍛鍊這種力量。如果這種精神力量沒有得到及時的、足夠的訓練，那麼即使是熟諳語文、精通語法，雖然可以讓學生的智慧得到豐富，但對他的語言能力發展卻沒有什麼作用。

　　那麼，這些訓練語言能力的練習應該是怎樣的呢？

　　第一，它們應該是（盡量）獨立的，即應該是實在的，而不只是表面上的練習。

　　如果在教師的幫助下，一個孩子理解了一個由作家表達出來的思想，而且將用來表達這個思想的形式掌握了，這也

並不意味著他讓自己的語言能力得到了鍛鍊 ── 因為這僅僅是豐富了他的智慧，而他自己的語言能力卻可能並沒有獲得發展。用自己的語言將讀過的資料複述出來，這也並不是一種好的訓練語言能力的方式，因為在孩子複述的時候，要努力去掌握那遠遠高出他本人發展水準範圍的思想和語言形式，而所得到的結果，卻只是吞吞吐吐、遺漏了很多句子，作家的思想被他進行了不合邏輯的重新安排，所以作家的思想和語言被歪曲了，所以還不如讓孩子徹底記住作家的思想。

在中、高年級寫命題作文一般也被歸入這類練習，然而如果我們讀一下這些作文，就容易發現，它們無非是用一些記熟的句子來進行書面空談。下述的情況我們總會遇到：我們讀到了一個學生寫的言詞誇張的作文，然後請他寫一封簡短的信，你就會發現，他們的獨立言語能力其實十分糟糕。此外，這些作文寫的就算並非學生理解不深的、從來沒有見過和體驗過的事物，也往往都有兩個不足：首先，得到訓練的只是書面語（我們在以後詳談這一點）。其次，開始寫作文的時間較遲，而且沒有提前的準備。如果學生之前並沒有練習過表達一個或一些思想，那麼就不應該讓他寫篇幅較大的命題作文。

所以，我們不是完全否定寫作文的益處，而是正相反，認為一定要在教授本國語文的最開始的幾課起就讓學生寫作

文，一直寫到最後幾課，作文的內容要逐漸擴大和加深。如果將作文理解為語言能力的訓練練習，那麼寫作文就應當是本國語文課上的一種主要作業，不過應當是一項真正的練習，即讓學生盡可能獨立的將自己的思想以口頭或書面的形式表達出來，而不是將別人的句子拼湊在一起。

　　不過，如何在訓練語言能力的過程中培養獨立性呢？我認為，最好的方法，可能也是唯一的方法，就是直覺性，即學生所寫或說的事物要具有直覺性。最起碼在最開始的練習中，這是完全必不可少的。呈現在學生眼前的或者能夠深刻印入學生記憶的事物，它不用借助別人的話語，就可以自然而然的啟發學生的思想，而假如學生的思想是錯誤的，它也可以將這種錯誤思想糾正過來，而假如學生的思想是不完整的，它也能對其進行補充；而假如學生的思想不符合邏輯，它還可以讓其形成一個自然而正確的系統。在進行最開始的訓練時，一定要讓事物直接反映在孩子的心靈裡，讓學生的感覺透過老師的觀察和領導變成概念，從概念構成思想，而思想又以言詞的形式表達。這才是真正的對思想進行最初的邏輯訓練的練習，這樣的練習決定了言語的邏輯性，也就是正確性，透過這種練習，將來就可以鍛鍊出符合邏輯的言語還有對語法規律的理解能力。我們是應該讓孩子們說和寫即使並不是完全陌生的事物，在他的心靈中卻只有模糊印象的

事物呢，還是讓他說和寫即使沒有呈現在他的眼前，不過起碼在他的記憶中有鮮明的印跡的事物呢？兩者間有很大的差別。後一種對象本身就會向孩子們提問，對他的回答進行糾正，並使其成為一個系統。這樣一來，孩子就會進行獨立的思考，獨立的進行說和寫的活動，而非從老師的嘴中或者書本中捕捉語句。比如，哪個孩子中不曾注意過馬？哪個孩子的記憶裡，沒有對這種動物的鮮明印象？哪個孩子不提前準備就說不出來馬有幾條腿或者馬頸上有什麼、馬吃什麼？如果孩子將某一個本質性的特點給忽視了，那麼老師只要指一下圖畫就可以了；如果沒有圖畫，借助比較（和與孩子們一樣熟悉的動物做比較）就可以提醒那個被孩子忽視了的特點。比如如果孩子沒有注意到馬蹄的結構，那麼只需要提一下牛的蹄子，孩子就一定會想起馬蹄和牛蹄的區別在哪裡，因為他的記憶當中已經有馬和牛的鮮明形象了。如果孩子描述馬描述得不夠確切，那麼只需要指著馬兒，就可以輕鬆當場糾正他的描述。

　　也許有人會對我們說，這種直觀教學中讓學生進行觀察的事物是屬於專門學科的。然而我們認為這種觀點是非常膚淺的。在直觀教學中，對於事物本身來說，熟悉事物的作用是次要的；直觀教學主要是為了對觀察能力和邏輯性進行訓練，對正確的表述自己觀察的情況的能力還有由此做出的邏

輯結論的能力進行鍛鍊。這難道不是學習本國語言中的初級
階段的訓練形式嗎？所以，那種將直觀教學和學習本國語言
分割開來的做法是大錯特錯的。在初級階段教學中，如果將
這兩者生硬的分開的話，直觀教學就會將其主要目的喪失，
而本國語言的教學則會失去一個最為扎實的基礎：敏銳的觀
察、正確的將觀察所得歸納為思想，並用言語把這個思想正
確的表達出來的能力。

　　正因為如此，在初級階段閱讀教材中和直觀對象有關的文
章應該占主要的地位。這種閱讀只有在教師和學生就相關文章
中述及的事物做了初步談話之後再進行，才可以將這種閱讀的
效用充分發揮出來。在談話中教師要做到，讓學生隨後在閱讀
文章時，可以了解所有的思想和所有的表達方法。這應該成為
論理閱讀的基礎，對任何一個人來說，這種論理閱讀的重要性
都要高於審美閱讀。如果一個孩子讀了幾篇文章後可以完全理
解它們，不只是對思想的完全理解，對思想與思想之間的關聯
也完全理解，那麼對孩子而言是非常有意義的。

　　正因為如此，供初級閱讀階段用的書籍編選文章，不能
去各個作家的作品中去找，而應該選擇那些專供初級階段閱
讀而寫的文章。舉個例子，阿克薩科夫（Aksakov）和屠格涅
夫（Turgenev）的作品中對自然界各種事物的描寫都是非常出
色的，不過它們適合初級階段的論理閱讀嗎？完全不適合：

形式的美抑制了孩子，他無法理解實質，而老師也基本無法就所描繪的事物和學生談話，因為他必須講的基本只是作家的表達方式，而講這些還為時過早。作家寫作時想到的是成年人，所以成年人所熟悉的東西他都略過，只於精緻微妙的地方著眼。而這些精緻微妙的東西往往是作家以其非同尋常的才華，又好不容易才捕捉到的，孩子們是無法理解這些精微奧妙的東西，還有事物的詩情畫意和作家才華的尊嚴的。如果詩情和畫意已經蘊含在了孩子的心靈當中，那麼它也是以朦朧本能的形式存在著，可以滋養它，但是不能使其成為一種自覺。這樣做太早了。

第二，語言能力的訓練練習應該是系統性的。如果我們要增強肌肉的力量，提高它們的靈巧性，就應該進行有系統的、循序漸進的鍛鍊，並按照肌肉的力量和靈活性的發展而不斷提高練習的難度。過度的鍛鍊或者肌肉還適應不了的鍛鍊，只能累傷肌肉，讓它發展遲緩。而過於輕微的練習也不會讓肌肉得到發展，因為肌肉完成這種練習，都不用動已有的全部力量和靈巧。我們在鍛鍊所有精神力量方面也會發現這種情況，所以，在訓練語言能力方面也是一樣的道理。

對語言能力的訓練練習也應該有系統的進行，不應該用過分的要求去壓抑這個能力的發展，而是要每次給的練習都需要用上這一才幹已經獲得的所有力量才能夠完成。每個新

練習要和之前的練習有關聯，既要用的是之前的練習，又要
向前跨出一步。舉個例子，在和孩子們一起對某個事物進行
考察了之後，在轉向另一個事物時，不要將已經考察過的那
個事物徹底擱在一邊，而要將它作為更全面的掌握新事物的
一種方法。在一步步的前進過程中，不應該將已經獲得的東
西棄之不用。比如，在對很多的哺乳動物進行了考察之後，
就不妨以一整類動物作為練習的事物，在這類練習裡面，每
一個部分對學生來說將會是生動的形象，而不會是抽象的模
糊概念。讓孩子掌握用這種生動而又正確的形象來判斷，就
為他的推理能力打下了良好的基礎：我們的論斷是由我們感
受的形象所組成的，這些形象越是真實、完整還有鮮明，做
出的論斷也就越正確。

　　我們就是根據這一些理由，主張有系統的敘述自然現象
和各種直觀事物，而不贊成通常在文選中常見的那種沒有條
理的敘述。

　　在閱讀這類文選中的文章時，教師基本不會需要使用
（即使需要也是偶爾的）前面已經講過的東西，於是很多從
前所做的講解，很可能還包括一些之前獲得的明確概念，就
會從孩子們的記憶中消失了，原因不過是使用它們的時候很
少，而這卻是一個違背了教育學原理的大錯誤。讓孩子們一
點一滴的進行掌握吧，但是不要將已經掌握的東西丟掉，而

且還要利用它來掌握新的東西。難怪會有人說，任何一個獲得的概念都會變成一種精神力量，這種力量能夠讓以後掌握新的概念更加容易、更加完整。心理規律就是如此，以心理規律為基礎的教育學規則就是如此。

　　練習的系統性也應該在教師根據孩子們的力量在比較多的程度上或是比較少的程度上參與練習這一點上展現出來。孩子們在語言能力上發展得越好，教師對他們的幫助就應該越少，而他們在練習中也就應該有越多的獨立性。毋庸置疑，在一開始的練習活動中，教師必須要持續的對孩子們的觀察、思考和言語活動進行指導，而且對於那些最具體的問題，如：事物的名稱是什麼？它的某部分的名稱是什麼？是什麼顏色的？等等，如果孩子們能正確回答教師就應該滿意了。隨後教師可以把一些問題組合在一起，好讓學生可以用複合句來回答這些問題，比如馬吃什麼？馬有哪些毛色？諸如此類。接著問題還可以再擴展，讓孩子用幾個句子來回答，比如牛是怎樣吃東西的？馬是怎樣吃東西的？驢在什麼方面像馬？在什麼方面像牛？然後再提出一些得用一系列句子來回答的問題，比如：請列舉這個動物身體的各個部分，對牠的外形進行描述，再說一說牠是怎樣生活的：牠都吃些什麼？住在哪裡？要做到讓孩子們一點點的可以完全獨立的描述那些書上從來也沒有講過，但是孩子們卻能看到的事物。

第十四章　談初級階段的語文教學

　　第三，練習應該是符合邏輯的。語言的能力主要憑藉人的思想的邏輯能力，憑藉它可以從具體知識出發，展開抽象的思考，並將這些具體知識上升為一般概念，再對這些概念進行區分和組合，尋找它們之間相同的和不同的特徵，將它們融合為一個一般判斷等等。這個全人類共同的邏輯構成了語言的基礎，而且表現在它的語法規律之中，所有語言的語法中之所以都有很多相似的地方，就是因為這一點。所有的語言都力求用各自的語法形式來表示同一個東西，也就是人的思維的邏輯，但並不是所有的時候都用同樣的形式來表達這一點。語文老師始終在和孩子們的邏輯能力打交道，而這種能力的缺少，最直接的反映，就是概念模糊或偏狹，所以也就以書面語和口語的含混和不正確的形式表現出來。所以，發展孩子們的語言能力，基本都等同於發展他們的思維的邏輯性。此外，很好理解的是，對於進一步學習各門課程中來說，這種符合邏輯的思考習慣會是多麼的必要，正是它讓學生有可能符合邏輯的學習，即發現所學功課的中心思想，並將次要的思想和主要思想相連在一起，將敘述體系的本身抓住，而不是只會死記硬背那些現存的詞句。教會孩子們學習 —— 這正好是語文老師的主要責任之一。

　　為了實現這個目標，為了讓孩子們思考和語言的邏輯性得到發展，除了自然界的事物外，我們找不到別的更有用的

事物。自然界的邏輯是孩子們最容易理解的邏輯，這是直觀的不容辯駁的邏輯。每個新的事物，都提供了借助比較方法對思考能力進行鍛鍊的可能，將一些新的概念引入已經獲得的概念的範圍，將一些已學過的歸納為一個類。每一個物理現象也是可以極好的訓練孩子的邏輯能力。孩子在進行這種練習中可以直觀並實際的掌握一些邏輯概念：原因、結果、目的、使命、推理和結論等等。

不言而喻，在上最開始的幾課的時候，不應當用任何一點的邏輯術語來為難孩子。不過在孩子們已經習慣了推理，並且習慣了簡明而又符合邏輯的將具體的事物表達出來時，就可以讓他們了解一些邏輯方面的術語。

第四，訓練語言能力的練習，應該既有口頭的練習，又有書面的練習，而且口頭練習應該比書面練習早。我們現在的學校裡對學生口語的訓練完全不重視，孩子們在學校裡要麼是不張嘴，要麼是回答背熟的課文，要麼是針對老師的提問，給出一些不連貫的、沒有關聯的回答。在孩子們口頭表述自己思想的能力這一方面，瑞士和德國的學校與我們的學校之間的區別是最多的。不過這種能力並非德國人特有的才能，而是學校長期努力的結果。甚至我們的教師講話能力也不如德國和瑞士的教師（我指的是教育學的意義上的），而且在他們之中有這樣的一些人，對自己所教的課程十分精通，

而且很具有教育分寸感，但是卻對將一些最簡單的東西解釋給孩子們感到為難：他們說不清楚，無法一下子抓住對象的實質並將它表達出來，而是拖拖拉拉，兜來兜去，要麼就是話說得很快而吐字不清，偏離了自己所講述的事物等等。在私人談話中，這種口語方面的缺點就是令人不快的，而在事物性的交談中則有很重要的意義。我們總能遇到這樣的人：他們相當聰明，可以說富有學識，但是讓他們說明某一件事情，他們就會為自己缺乏口才而感到痛苦：他們讓聽的人都覺得厭煩和疲倦，他們在生活中會損失許多東西，只是因為學校當初沒有對他們天生的語言能力的發展表示關心。在德國和瑞士的學校當中，孩子一進學校就開始接受口語訓練，一直到他們從學校畢業。在這些國家的學校裡，口語的訓練更受重視一些，和對書面語的訓練相比。

在進行的口頭提問時，應當遵循一個看上去無足輕重，但其實十分重要的方法論原則。不管什麼時候，都不要向一個學生提問，而是要向班級整體提問。能回答這個問題的學生舉起手來，然後老師就說出那個應該作答的學生的名字。這樣的做法一開始彷彿會減緩教學進度，但是從這以後的教學活動就會迅速展開，而且能夠讓課堂保持肅靜，國外所有相當好的學校裡都採用這個方法，它非常有實用的意義：首先，不是一個學生，而是整個班級要聽老師的提問，並準備

做出回答，這就是為什麼德國和瑞士的學校裡落後的學生要少於我們的；其次，教師能夠從舉手的數量來對整個班級對他的講解理解的程度做出判斷。教師在講解時，也可以採用同樣的方法：將一個思想講解完後，可以讓聽明白的學生舉起手來，聽不懂的則不用舉。教師要評價舉手的學生，和其中被發現是不該舉手的學生。

　　訓練語言能力的書面練習應該安排在口頭練習之後，安排要循序漸進的，要將孩子們的年齡、發展程度、他們的機械書寫熟巧以及書面表達思想的能力都考慮到。

　　在和學生進行了交談，並讀完了關於交談的文章之後，教師們就很容易選出幾個問題來，對這些問題孩子們要麼已經給出了口頭的回答，要麼可以透過和別的問題類比的辦法輕鬆的做出回答。教師們在黑板上寫出這些問題的時候，應該想到這個問題的可能的答案，應該考慮到這個可能的答案是否與學生的能力和他們的正確書寫習慣相符。比如如果孩子們的能力比較一般，一開始可以提一些學生回答起來只要重複一下問題，再加上一、兩個字就行的問題，不管學生回答老師的問題是口頭還是書面的形式，都一定要遵循這一點，起碼是在學習的最初幾年裡應該這樣做。這種形式最簡單的書面練習是非常有益的。對這些小作者而言，光是把提問改為回答和重抄一遍老師所寫的東西就非常有益處了。之

後的書面問題應該慢慢複雜起來，就像口頭提問一樣，關於口頭提問的問題，我們之前已經探討過了。

一定要妥善安排好要提的問題，讓對這些問題的回答成為嚴整的、描述事物的短句。在孩子們做出回答後，要和他們說，應該怎樣連接起來這些短句，盡可能的讓它們成為一篇嚴整的演講。

除了描寫性敘述之外，還應該訓練孩子們做一些在時間上具有連續性的，也就是歷史性的敘述，敘述一件隨著一件發生的事情。

講歷史故事，第一次應該將事件最主要的特點講出來；而當這些特點已經深深的印在孩子們的腦海裡時，就應該補充一些次要的事情和細節。一個深深印入腦海的主要特點日後可以接受大量和這個有關的細節。然而如果你一下子就將故事講得很細很長，那麼孩子將只會關注那些細節，而將主要的東西忽略。

可以讓全班級一起來複述老師的口頭講述，這樣的做法益處很多：因為有一個學生忘記了一部分，但是另一個學生卻會想起來；而且只要老師故事講得相當有趣，安排得又和教學原則相符，那麼全班學生也能夠將這個故事連同它的所有細節再現出來。全班級能講出來的東西，以後每一個學生

也一定能夠講出來。這種講故事的方法在一年之內不宜用得太多，但是以後一定要經常重複這些故事，一開始是口頭重複，之後用書面的形式進行複習。

二

俄語教學的第二個目標是將由大眾和著作家創造的語言的形式掌握。但是，要弄明白這個目標，要了解實現這個目標的方法，首先應該清楚，我們要教的那個大眾的語言究竟是什麼東西。

大眾的語言並非由一個人的語言能力的創造性才能創造出的產物，也並非一個人一生所創造的產物，而是無數人、無數代的創造性才能的產物。

在數千年的過程中，人民在億萬個個體之中，用語言形成了自己的思想和自己的感情。國家的自然環境和人民的歷史反映在人的心中，並利用語言表達了出來。人終究會是消逝的，而他創造的言詞卻將是不朽的，是大眾語言取之不盡、用之不竭的寶藏。語言中的每一個詞，它的每一種形式，每一種表達方法，都是人的思想和感覺的產物，國家的自然環境和人民的歷史利用人的思想和感情，用言詞的方式反映出來。我們繼承了祖先的言詞，不過我們所繼承的不只

是表現我們的思想和感情的方法，而且還繼承了這些裡面包含著的思想和感情。這是人們的所有生活遺留在人間的唯一有生命力的遺物，而我們就是這些生機勃勃的財富的繼承人，這些財富是大眾精神生活的所有成果。

我們將孩子們引入大眾的語言，即將他們引入大眾的思想、感情和生活的世界，也是引入大眾的精神領域。應該以這個觀點來看大眾語言的學習的第二個目的。正因為如此，我們在讓孩子們學習一篇口頭文學作品，或者是學習一篇作家創作的作品時，如果我們真正做到了讓學生弄明白了作品中反映的思想和感情，我們才能算得上引導學生去掌握大眾的語言的各種形式，與此同時又利用語言的各種形式，引導孩子來理解大眾的生活、詩文還有邏輯，簡而言之，將孩子引入大眾的精神領域。孩子只有領悟了那些創作語言形式的思想和感情，才能夠算得上真正的掌握了這個語言形式，並從這個形式中得到了一把鑰匙，它可以開啟大眾的精神財富寶藏。我們要從這個觀點來學習大眾語言的所有意義進行理解，要明白，從事語文教學工作，就意味著要承擔起透過言詞將孩子引入大眾的精神生活的領域的責任。這就是為什麼在學習一首詩的時候，不管是科爾特索夫（Koltsov）的作品，還是克雷洛夫（Krylov）的寓言或者是普希金（Pushkin）的詩作，或者是一首民歌或民間故事，我們首先都應該自己

先對這個作品有充分的了解，應該對它做出嚴謹的邏輯的和審美的評價，並且要清楚，其中什麼東西是有大眾性的東西以及它值得我們學習的原因。此外，我們還應該將每一部這樣的作品都視為一個窗口，透過這個窗口，我們可以將大眾生活的一定方面介紹給孩子們。

不過讓孩子們只讀懂這類作品還遠遠不夠，還要讓他們學會感受作品。在文藝作品當中，有很多東西是只能感受，而無法用理智來進行解釋。

這兩個要求——首先要讓孩子們讀懂範文，然後要讓孩子們感受這個作品——在實踐中往往是相互矛盾的。冗長和詳細的解釋文藝作品，會讓它對感情的影響被削弱，但是在另一方面，一篇範文只有被徹底的理解了，才可能影響感情。為了不讓這種困難出現，應該首先讓孩子們了解那部準備讀的作品，然後再去讀它，不用過多的解釋去削弱印象。比如你在為孩子們讀一首科爾特索夫描繪大眾生活的詩歌之前，先和孩子們就大眾生活的這個主題進行一次交談，而且要透過這次交談，讓科爾特索夫的詩歌成為你們談話的富有詩意的成果，這樣孩子們一方面容易理解科爾特索夫的詩歌了，而且還可以充分的接受它的富有詩意的影響。如果你想為孩子們讀一篇克雷洛夫的寓言，那麼你就可以先在兒童生活中找出一種情況來說一說，這種情況正好將克雷洛夫在寓

言中抨擊的那種弱點或缺陷反映了出來。在講述這種情況時，你就已經可以運用克雷洛夫在寓言裡的那些表達方法，然後你再通讀一遍寓言，它的幽默以及其中的表達方法就影響孩子們的情感了。

　　如果講的是寓言和詩歌，那應該在上課時就差不多記熟，不要讓孩子們在課外花大力氣去背熟，因為這種死記硬背詩歌不光費力氣，還會將詩歌給予孩子心靈的審美印象毀掉。而在課堂上有老師的指導，老師提出一些問題來幫助孩子記憶，很快就能將一首詩學好。

　　除了上面說的目的之外，在學習民間文學的優秀作品時，還應該注意為將來文學史的學習準備材料，而且不要僅僅是將這種材料告訴他們，還要協助他們弄清楚某部作品的真正意義，對作品做出與學生年齡相符的評價，比如對作品的邏輯嚴整性、對現實的忠實性以及語句的中肯性等進行評判。應當將那種只能教會學生說漂亮話的空洞讚詞廢除。最好是讓作品自己對孩子們的心靈產生影響，而不要用這種評論將作品庸俗化。

　　從我們的文學中選擇優秀作品供初級階段教學使用是很困難的，俄國基本沒有兒童文學。在俄國，一個優秀的、為兒童們寫作的作家都沒有，此外，俄國過去的具有全人類性的詩歌已經陳舊了，而且兒童們也接受不了它們的形式。而

新詩歌呢，又具有否定和呻吟的傾向，這種傾向雖然在歷史現象中有其根據，但它一點都不適合於孩子們學習。兒童沒有什麼要否定的，正面的、積極的養料才是他所需要的。只有那種根本不了解兒童有什麼需求的人，才會用絕望、仇視和鄙棄等感情來「餵養」兒童。我們可不要忘記，憤怒的詩句，「充滿痛苦和怨恨的詩句」在兒童心中引起的反映，和在我們心中所引起的反映並不一樣。如果我們硬把這種詩句塞給兒童，就會讓孩子的幼小臉龐上出現老人樣的怪相。糟糕的是，這種硬裝上去的怪相有時還顯得非常的頑固，因此在我們這個時代，在這種俄國文學教師的努力之下，有時就能看見這樣的十三歲男孩：他經常露出蔑視的笑容，言談中充滿了惱恨。這算是什麼樣子呢？是時髦的謊言，但終究是謊言，它根本沒有那些讚譽古老頌詩的背熟了的讚詞好，也許還會更糟糕。請別再生硬的，也別過早的在兒童身上發展任何感情，如果我們不想讓這種感情，就像用孩子的手將花苞硬掰開的話。在生活事實的影響下而在我們身上發展起來的感情，它可以也由事實來表現。那種由言語發展起來的感情，也只能用言語來表現。我們當中空虛饒舌的人已經足夠多了！

考慮到文學作品應該只讓孩子們的發展中的情感得到滿足，選擇合適的作品是非常非常難的。如果不算由民間的教育天才創造的民間故事和少量民歌，我們的文學作品裡適合

兒童讀的作品並沒有多少，比如科爾特索夫的少許詩作、克雷洛夫和德米特里耶夫（Dmitriev）的極少部分的寓言，還有普希金、波隆斯基（Polonsky）、阿克薩科夫、邁科夫（Maykov）等的某些作品，這差不多就是可供兒童學習的作品的全部了。同時，還有一些含義深刻的作品，完全沒有兒童的思想和感情，不過教師可以對這樣的作品加以利用，將注意力集中在它的外在形式上，比如克雷洛夫的某些寓言在諷刺社會關係上使人咋舌，而向孩子們講這些還為時尚早，不過這些寓言同時卻又是介紹動物生活的典型故事。教師應該講的就是這些寓言的動物故事外形，這就是應該將差不多所有克雷洛夫的寓言中的有寓教意義的結尾部分去掉的原因。再比如，也可以為孩子們讀涅克拉索夫（Nekrasov）的詩，比如〈一條未收割的耕地〉等作品。但是，無論怎樣都不要向兒童的心靈輸入那些呻吟和號泣，因為如果它們是嚴肅的，那麼對孩子們而言就為時過早，而如果它們已經成為一種愚蠢的習氣和空洞的沒有得到心靈迴響的漂亮話，那麼它們還是令人極其厭惡的。

詩中表露的感情越美好，就越讓令人覺得可惜：太早的盲目摹仿破壞了培育這種感情的可能性。人的心靈的特徵就是這樣：習慣了語句起來，但卻不對語句動情。難道我們見過的那樣的人還少嗎？這種人的臉上流露著崇高的蔑視，談吐中彰顯

出拜倫（Byron）式的憤怒，而確實一肚子的男盜女娼。

　　我以上說的關於過早和生硬的激起感情的一番話，對道德問題也是適用的。如果你打算讓孩子成為一個惡棍，那麼你從小就教他重複各式各樣的道德格言，到最後這些道德格言就不會再對他有任何的作用了。但這樣說的意思不是本國語文教師還有所有別的教師從此就可以對孩子的道德感情的發展漠不關心了。學校中和教學中的所有事情，都應該是符合道德要求的，這都應是不言白明的，用不著說教。如果教師要講某種道德品格，那也只是為了語文教育而服務的：比如是在解釋一些詞，如自豪、謙遜等的意義。要讓文學作品本身對孩子的道德情感產生直接的影響，而文學作品對道德的影響是非常大的，那種可以讓兒童熱愛有道德的行為、感情以及作品中反映的有道德的思想的文學作品，是符合道德要求的作品。乾巴巴的說教不僅於事無補，相反，它只會對教育事業有害。

　　掌握語法，是初級階段本國語文教學要達到的第三個目的。在從前，掌握語法曾是首要的目的，也是唯一的目的，現在呢，它又是常常被忘卻的那個目的。這兩種做法都是有壞處的：只鑽研語法並不能發展孩子的言語能力，而不學語法又會讓言語能力不具有自覺性，讓孩子的境地不穩。只靠熟練技巧和較強的言語本能是不可以的，但是只知道語法而

第十四章　談初級階段的語文教學

沒有熟練技巧以及出色的語言能力一樣是行不通的。所以，兩者都是必不可少的。那麼，哪一樣應該先行呢：是熟練技巧，還是語法？語言的歷史將這個問題解決。無論在什麼地方，語法都只是觀察已經形成的語言後得出的結論。在教學中也應該是一樣的道理：任何一個語法規則，都應該是在使用孩子們已掌握的形式中得出的結論。那麼，什麼時候來下這樣的結論呢？解決這個問題只能靠實踐：教師應該了解自己班級的智力水準，他應該感覺到什麼時候孩子們不須死記硬背，就能明確的將某個語法規則掌握，因為死記硬背語法和死記硬背邏輯和算術一樣，是一種十分愚蠢的做法。不過教師在和孩子們進行口頭交談、閱讀還有書面練習時，應該考慮到以後要一點點教授給孩子們的那些語法規則，並做到讓每個規則都是源自許多練習中得出的必需的邏輯結論。

我們已經說過，語言的語法是語言的邏輯，所以邏輯的練習是研究語法最好的準備。為了這種語法學習的準備工作應該怎樣進行解釋得更清楚，我們將它分成兩個自然的部分來講，對句法學習的準備，還有對詞法學習的準備，換言之，分成對理解句子還有長句結構的準備，和對一些詞的詞義還有結構的理解的準備。

教師用一些邏輯練習（我們在前面已經說過這一點）和分析書面練習的方法來為孩子理解句子和綜合的結構做準

備，為他去學習句法做準備。舉個例子就是，透過提問的方法來對一個選定的句子進行解釋：句中說的是誰？說的是什麼？句子說到的事物正在做什麼？他做這件事情是在什麼時候？用什麼做的？在什麼樣的環境裡做的？事物的外形什麼樣的，是什麼顏色？這裡的事物是一個還是兩個？他做的是一件事，還是同時也在做著一些其他什麼事？等等。當然，比如「事物」、「環境」這些詞，應該由取自所分析的句子內容的一些更具體的詞來代替，用上面的例子說，句中說到的是誰？是夜鶯。夜鶯做了什麼？夜鶯飛了。牠飛到什麼地方去了？等等。要讓孩子們學會自己提出類似的問題，這樣做也是好處多多的。不管怎樣，不要讓孩子們習慣於寫錯。如果碰上這樣情況，即還無法跟孩子們解釋清楚打上這樣一個符號的原因，那麼就應該先打上符號，同時跟他們說明：應該是這樣的，至於為什麼這樣，你們以後就會知道了。孩子們的本能可以捉摸到很多東西，學會怎樣打符號，雖然他們並不能夠說明這樣做的原因。這種半自覺的熟練技巧沒有任何的害處，相反，還是有好處的。我們認為就一般的地方來擴展句子的做法是一種有好處的練習。對修辭學來說，這種練習是荒唐的，但從邏輯上準備讓學生學習語法這個角度來看，它卻有著自己的必要性。我們在國外的許多學校裡見到過這種練習，它是非常生動的，而且還讓孩子們覺得有趣。

第十四章　談初級階段的語文教學

例如，教師在黑板上寫了「跑」這個詞，然後要求孩子們想出一個詞來說明是誰在跑，於是一個學生說：女孩子。第二個學生說：馬。第三個學生說道：狗。教師從這些回答中選擇一個最符合他的目的的詞，然後自己將這個詞寫（或者讓一個學生寫）在黑板上，然後又繼續提問：狗在什麼地方跑？一個學生說：在街上。第二個學生說：在樹林裡，等等。老師又選了一個詞，繼續寫在黑板上……就這樣，一個擴展了的簡單句就出現了。接下來教師繼續用這樣方法將一個新的主語引入這個句子當中，這個新主語要求改變謂語和修飾詞的詞尾，而孩子們自己就會察覺這種詞尾改變的必要性。然後學生們在教師的指導下，再繼續引入新的謂語、新的修飾語等等。用一樣的方法將一些新的詞引進句子，然後再又引出副句。接下去教師對某一行為的原因、目的和方法等等進行解釋。這裡不用詳細的說，我在這裡只是簡要的描述了整整一串連貫的練習，而不是要在一節課的時間裡做的一個練習。在做這種練習的時候，各種符號的用法、一個句子中各個部分的作用，還有句子與句子間的相互關聯也就很自然的解釋清楚了，在進行這些練習時，可以按照可行性，一點點的教給孩子們一些語法規則。

　　與此同時，也應該為詞法的學習而做準備，讓孩子們了解各種品詞並沒有什麼困難的，特別是在我們做了上面說的

各種語言練習之後，孩子們馬上就會明白，事物的名稱是什麼，事物的性質是什麼，行為的名稱是什麼等等。孩子們不好掌握的，是各種不變品詞間的區別，但是在句中出現的前置詞和連接詞會很快就將它們的真正含義顯露出來。

至於詞尾的變化、格和位的變化等等的學習，在我們看來，下述練習是一種不錯的方法：孩子們講述某一件發生的事情時，用的是動詞的現在式，教師要他們用過去式再將這件事重講一遍。比如你出的題是「簡短的描寫春天」，學生就能夠進行三種練習：分別描寫今年的、去年的還有明年的春天。也可以用　樣的方法，將故事的講述者從第　人稱的視角變成為第三人稱的，從單數變成複數等等。

對於詞法而言，特別是對於正字法而言，構詞有這特殊的意義。孩子們對構詞非常感興趣，認為它好像是一種詞的遊戲。教師提出某個詞，然後又說出，或者在黑板上寫上幾個和這個詞詞根相同的詞，並重複這樣的練習幾次，於是孩子們雖然還是不了解詞根和同根詞是什麼，但是他們會本能的學做這樣的練習，並挑選出和教師給的詞詞根相同的詞，最初的時候會挑得很慢，選出一到兩個同根詞，後來速度就會快了，而且全班級通常差不多能夠將所有的同根詞都找出來。這種練習不僅可以讓孩子們能夠支配那個無意識的儲存在他們記憶中的詞彙量，而且這是正字法學習的一種最好的

第十四章　談初級階段的語文教學

準備性練習。

我們的學校裡通常使用的那種所謂的語法分析，是一種非常好的練習，但是連著幾年都用著同一種練習，會讓孩子們感到無法忍受的枯燥，因此我們建議，這種練習方法不要經常使用，只是在孩子們複習已經掌握的語法知識，並將它們歸納成和所分析的片段相搭配的新體系時使用。對於發展和強化智慧來說，這種將已經獲得的知識混合起來的做法是非常好的。語法分析應該一點點的複雜起來。我們舉個例子來說，一個學生已經知道什麼是名詞，然後在他讀過的一段課文中找出所有的名詞，接下來找出形容詞，然後再找出過去式的動詞等等，最後一詞又一詞的、一句又一句的進行詞法和句法的分析。不過這種分析練習不宜做太長的時間。以前在我們的學校裡，現在在法國的學校裡，不管走到哪間教室，總會看見在分析又分析。我們可以毫不猶豫的下一個結論，這是偷懶的教師們才喜歡的一種作業形式，因為沒有什麼比這種做法更舒適的做法了：讓一個又一個的學生去對碰巧翻開的一頁課文進行分析，不管是口頭的分析，還是進行書面的分析，做起來真是再舒服沒有的了。但是對學生而言，這是一種多麼枯燥乏味的、多麼無益的遊戲！做書面語法分析沒有任何的用處，我們建議這種做法可以完全排除了，用其他的、對學生來說更有意義和更有趣味的書面練習

取代。否則，一連多少年都是抄寫沒完沒了的「房子是普通名詞，是陽性，是單數」等等東西，能有什麼益處呢？

在本文中我們不去詳談很多練習本身的細節，這件事我們交給實踐家們去做。我們確信，除了我們列舉的這些練習方法外，還能夠找到很多別的方法。我們所列舉的不過是一些在俄國和外國學校使用的、我們尤為喜歡而且已經嘗到一些甜頭的練習方法。

是否需要有系統的學習語法？在我們看來，這種學習是必要的，或者說起碼是非常有益的。對每一個學生而言都是如此，而對那些將來要從事科學研究，或自己將要去教別人學習的學生而言，則是必不可少的。學生掌握了大量的詞彙、形式和運用它們的高度熟練技巧，在學習語法時，能夠將這一切歸成一個體系。這是有好處的，因為它可以讓孩子的自覺性得到發展，讓他已獲得的知識得到鞏固，一方面教會孩子對像詞這樣的精神事物進行觀察，另一方面又讓他習慣了邏輯體系，習慣了這個最早的科學體系，在俄國，有許多人教學中的各種科學體系是反對的。當然，如果這體系比事物出現得早，那麼它就是不適合孩子們的；然而如果體系是學習了一類事物後得出的結果，那麼它就是十分有益的。當然，只有合理的源自事物本質的體系才讓我們可以徹底支配我們的知識。一個塞滿了種種片段狀的、沒有關聯的知識

的頭腦，就如同一個這樣的貯藏室，裡面的一切都是亂七八糟的，即使是主人自己也什麼都找不到；然而一個只有體系而缺乏知識的頭腦則如同這樣一個小鋪子，裡面的每個貨架上都寫好了物品的名稱，但其實架子上卻是空空如也。

　　真正的教育學要避免這兩種極端，它首先要為學生提供材料，而隨著材料的日積月累，又將材料歸納成體系。累積的材料越多，樣式越多，體系就會越有系統，最終實現邏輯的和哲學的抽象。當然，各門課程的老師都參與到了讓學生的頭腦中形成這種世界觀的工作，不過我們認為，要讓孩子們獲得的知識綜合在一起，並使其形成一個嚴整的、符合邏輯的體系，還應該是教授俄羅斯語言和文學的教師的肩膀來承擔這個責任，因為本國語言恰好是這樣一種精神服裝，各種知識要成為人類意識的真正的財富的話，它都要先穿上本國語言這種精神服裝。

官網

國家圖書館出版品預行編目資料

康斯坦丁・烏申斯基談教育使社會走向文明：語言教學、課堂講述、國民教育、習慣培養、時間問題，俄羅斯國民學校奠基人的教育學 / [俄] 康斯坦丁・烏申斯基（Konstantin Ushinsky）著；王瀠萱 譯 . -- 第一版 . --
臺北市：崧燁文化事業有限公司 , 2023.05
面； 公分
POD 版
譯自：Konstantin Ushinsky On Education
ISBN 978-626-357-278-2(平裝)
1.CST: 烏申斯基 (Ushinsky, Konstantin) 2.CST: 學術思想 3.CST: 教育哲學 4.CST: 文集
520.147 112004543

康斯坦丁・烏申斯基談教育使社會走向文明：語言教學、課堂講述、國民教育、習慣培養、時間問題，俄羅斯國民學校奠基人的教育學

臉書

作　　者：[俄] 康斯坦丁・烏申斯基（Konstantin Ushinsky）

翻　　譯：王瀠萱

發 行 人：黃振庭

出 版 者：崧燁文化事業有限公司

發 行 者：崧燁文化事業有限公司

E-mail：sonbookservice@gmail.com

粉 絲 頁：https://www.facebook.com/sonbookss/

網　　址：https://sonbook.net/

地　　址：台北市中正區重慶南路一段六十一號八樓 815 室
Rm. 815, 8F., No.61, Sec. 1, Chongqing S. Rd., Zhongzheng Dist., Taipei City 100, Taiwan

電　　話：(02)2370-3310　　傳　　真：(02) 2388-1990

印　　刷：京峯彩色印刷有限公司（京峰數位）

律師顧問：廣華律師事務所 張珮琦律師

定　　價：350 元

發行日期：2023 年 05 月第一版

◎本書以 POD 印製